KB061325

조선
왕조
실톡

조선왕조실톡

6

조선의 두 번째 영광

| 무적핑크 지음 · YLAB 기획 · 이한 해설 |

위즈덤하우스

『조선왕조실록』을 시작하며

위대한 『조선왕조실록』

— 이한

『조선왕조실록』은 유네스코가 지정한 세계기록유산이다. 세계가 인정할 만큼 훌륭하다는 뜻일 텐데, 사실 그 훌륭함이 그다지 피부에 와 닿지는 않는다. 집 앞에 있는 식당이 유명한 맛집이라고 해도 언제나 가까이 있었기 때문에 별다른 감상을 느끼지 못하는 것처럼 말이다.

한국은 기록의 역사가 깊은 나라가 아니다. 삼국시대 각 나라가 자신들의 역사서를 만들었다고는 하나 지금까지 전해지는 게 없고, 고려 때 쓰인 『삼국사기』는 솔직히 평가해 단출하다. 『고려사』는 그나마 공정한 역사를 적겠다는 세종의 집념 덕분에 수십 년이 걸려 완성되긴 했지만 『조선왕조실록』의 박력에 비하면 소박하다.

『조선왕조실록』은 일단 분량부터 압도적이다. 태조에서 철종까지, 25대 임금이 다스린 472년 동안의 기록이다. 고종과 순종을 합치면 더 길어지지만, 이 둘의 『실록』은 정리된 때가 일제강점기라는 이유로 『실록』으로 인정하지 않아야 한다는 주장도 있다. 권수로 따지자면 1,893권. 한국뿐만 아니라 전 세계를 뒤져도 이렇게 길고 흥미진진한 역사 기록을 찾기는 쉽지 않다.

대부분의 역사책들이 역사적 사건의 요약본이라면, 『조선왕조실록』은 실황 중계이자 녹취록이다. 왕, 신하, 사건이 있으며 이들이 서로 주고받는 대화를 몹시 생생하게 적고 있다. 『실록』을 읽고 있노라면 그 안의 내용이 수백 년 전의 일이 아니라 바로 눈앞에서 펼쳐지는 듯 생생하다. 한 문제에 대해 말하는 사람, 수긍하는 사람, 반대하는 사람이 각각 존재한다. 날짜가 지나며 사건이 커지기도 하고 엉뚱하게 번지기도 하며 어떤 경우

((· 조선왕조실록

에는 묻혔다가 갑자기 툭 튀어나오기도 한다. 힘없는 백성들의 일도 실려 있으며 때로는 각 지역의 특산물과 지리까지 기록되어 있다. 수많은 결의 파도가 넘실대는 바다라고나 할까? 너무도 방대하여 읽다 보면 때로는 길을 잃어버리기도 하고, 이것과 저것을 분간하기 어려워질 때도 있지만 그렇기에 너무도 많은 진실을 담고 있는 바다이다.

　이런 『실록』을 만들어내기 위해 조선 사람들은 엄청난 공을 들였다. 먼저 사초를 작성하는 것부터 시작한다. 사관은 언제 어디서나 보통 두 사람이었는데, 한 사람의 기억력은 불완전하기도 하며 개인의 사관이나 정치적 의견 때문에 기록을 곡해할 가능성이 있었기 때문이다. 그렇게 정리한 사초들을 '임금도 못 보게' 비밀리에 보관해 두었다가 왕이 죽고 나면 본격적인 정리에 들어갔다. 실록청이 만들어지고, 정승이 총재를 맡으며 대제학을 비롯한 당대의 글 잘 쓰는 사람들이 모두 모여들어 편수관이 되었다. 기존의 사초는 물론이거니와 『승정원일기』, 경연의 기록을 더하고, 여기에다가 개인의 문집까지 모두 긁어와 비교하고 궁리하고 정리한 끝에 『실록』이 만들어졌으니 어마한 규모의 작업이었다.

　『실록』 정리에 참여하는 것은 고되긴 했어도 굉장히 영광스러운 일이었고, 실제 편수관에 참여한 사람들 중에는 지금까지도 유명한 사람들이 꽤 많다. 그래서 『실록』에는 더욱 큰 권위가 생겼고 사관들은 긍지와 고집, 신념을 품고 자신의 일에 몸을 던질 수 있었으며 조선은 훌륭한 역사 기록을 가지게 되었다.

　이렇게 심혈을 기울였어도 사람이 하는 일이다 보니 문제가 생길 때도 있었다. 이를테면 『선조실록』은 북인 정권인 광해군 때 만들어졌기에 남인과 서인에게 적대적이다. 그 정도가 너무 심했기에 광해군이 몰락한 뒤 새로 정리되었으니 이것이 『선조수정실록』이다. 여기서 주목해야 할 점은 공정성에 문제가 생긴 기록이라 해서 이전 것을 깡그리 없애지 않고 고스란히 남겨 두었다는 점이다. 그래서 후대의 연구자들은 고치기 전의 것과 고친 후의 것이 어떻게 다른지를 살펴볼 수 있었고, 이런 과정을 통해 그 시대를 더 깊이 이해할 수 있게 되었다. 무엇보다도 『실록』이 있기에 지금 이 책도 나올 수 있게 되었으니, 이 얼마나 고마운 일인가.

조선의 마지막 영광과 쇠퇴의 시작

– 이한

18세기의 조선은 그 이전, 이후와는 다른 특별한 시기였다. 나라 안으로는 왜란과 호란의 상처를 극복해 내고(혹은 묻어 버리고) 대동법과 균역법을 통해 재정 문제를 완화했으며, 농업 생산량이 늘어나자 인구도 불어나고 그에 따라 도시가 발달하게 되었다. 도시에 사는 사람들에게 필요한 물건들도 덩달아 증가하자 그에 발맞추어 상업이 발전했고, 화폐 제도가 자리 잡으며 조선의 경제 구조도 크게 바뀌게 되었다.

나라 밖으로는 주로 중국을 드나드는 사신들을 통해 서양 문물이 들어왔다. 처음에는 자명종이나 안경처럼 소소한 물건에서 시작되었지만 나중에는 천주교나 과학책 같은 지식과 철학으로 옮겨 간다.

때맞춰 조선은 걸출한 임금 둘이 번갈아가며 왕위를 이었다. 형 경종에게서 왕위를 이어받은 영조는 탕평책을 실시했다. 이제까지 네 당파 내 당파 나누어 치고받던 당파싸움을 멈추고 모두 공존하겠다는 의지였다. 탕평책은 그저 왕의 의지만으로 시행된 것이 아니었다. 앞서 말한 사회와 경제의 변화로 도시, 즉 서울이 지방보다 발달하게 되었고 그러다 보니 그 전까지 당파의 중심이 되었던 지방의 유학자(산림)들의 기세가 꺾인 까닭도 있다. 대신 서울에서 임금을 보좌하며 최첨단 문화를 향유하던 경화사족(서울 근교에 거주하던 문사들을 이르던 말)이 새로운 사회 세력으로 떠올랐다.

영조는 당파싸움으로 소진되던 조정의 역량을 국가 체제의 정비에 돌렸으니, 먼저 균역법을 실시해 세금 제도를 개편하고, 『속대전』을 만들어 수백 년 동안 밀린 조선의 시스템 업데이트를 이루었다. 숫자가 크게 늘어난 서얼들에게 벼슬을 할 수 있는 길을 열어주기도 했다. 지난 수백 년 동안 변해온 조선의 세태를 현실에 반영하는 한편, 술을 금지하고 사치를 막으며 사사로운 형벌을 금지하는 등, 개인의 행동을 국가가 규제하며 좀 더 발달한 사회의 기틀을 만든다. 영조는 한 가정의 개인으로서는 아들 사도세자를 뒤주에 넣어 죽이는 참화를 빚어 냈지만, 전 시대의 여러 왕들에 비하면 틀림없이 훌륭한 왕이었다.

그 다음 임금인 정조는 할아버지에게 물려받은 탕평책을 계속 이어 나갔으며, 한껏 강력해진 왕의 권한을 기반으로 많은 정책을 추진했다. 규장각의 초계문신들과 서얼 출신 검서관들을 동원해 수많은 학술 서적을 만들어 세종 때에 버금가는 학술적 성과를 달성했고, 국왕 직속 군대인 장용영을 만들었으며 아름다운 도시인 화성(수원)을 건설했다. 후세의 사람들이 정조를 조선왕조 가장 훌륭했던 왕 톱 쓰리로 꼽으며 '정조가 더 오래 살았더라면 조선은 근대화(서구화)에 성공할 수도 있지 않았을까?'라고 생각하는 것도 이 때문일 것이다.

하지만 근본적인 문제가 있었다. 유교 국가인 조선의 임금은 군사부일체(君師父一體)라는 유교 논리에 따라 백성들에게 왕이자 스승이며 아버지 같은 존재였다. 이렇게 꽉 짜인 질서에서 벗어나 절대자인 신을 주장하는 서학(西學)은 조선으로서는 도저히 받아들일 수 없는, 사회의 기틀을 뿌리부터 흔드는 이단이었다. 유교 국가인 조선의 임금 정조에게 서학은 자신의 존재 가치를 부정하는 학문으로 어디까지나 흥미와 이용의 대상이었지, 그 이상이 되어 기존의 질서를 어지럽힌다면 자신의 손으로 탄압해야 했다. 그래서 정조는 서학을 탄압한 것은 물론 문체반정을 일으켜 소설책을 불태우기도 했으니 결국 수백 년 된 조선이란 나라는 변화를 온전히 받아들이기에는 이미 너무 늦었던 것이다.

이 시대의 진정한 비극은 또 하나 있었다. 영조와 정조의 나라는 그들만큼 유능하고도 집요하며 건강한 임금이 있어야만 제대로 작동할 수 있는 시스템이었다. 이들의 치세 시기를 마지막으로 유능한 지도자의 시대도 끝이 났고, 조선은 세도정치의 시기로 접어들었으며 망국의 날이 다가오게 된다.

무적핑크(변지민)
작가의 말

 무적핑크(변지민)

안녕하세요, 무적핑크입니다.

웹툰에 이어 책 1권 「조선 패밀리의 탄생」, 2권 「조선 패밀리의 활극」, 3권 「조선 백성실톡」, 4권 「뿔뿔이 흩어진 조선 패밀리」, 5권 「두 명의 왕비」에 이어, 두구두구 6권!

여러분을 다시 뵙게 되어 아주아주 기쁩니다.

손에 들고 계신 이 6권은 정말 뜻깊은 한 권입니다. 『조선왕조실톡』은 부제를 보시면 아시다시피 '가족'이 중심 테마인데요. 6권의 주인공인 영조-사도세자-정조는 사촌지간도, 삼촌지간도 아닌 정말 피를 짙게 나눈 부자지간입니다. 그만큼 인간적이고 또한 우여곡절이 많은 패밀리라서 제가 많이 애정한답니다(특히 전 22대 왕 정조를 아주아주아주 사랑해요).

이 책은 20대 왕, 경종의 죽음으로 시작합니다. 고집불통 아빠 숙종과 상처받은 엄마 장희빈 사이에서 태어나 눈물겨운 삶을 살았던 경종. 그리고 그런 형을 독살했다는 누명을 쓴 영조! 기가 막힌 막장드라마죠. 어찌나 억울하고 절통했던지 영조는 성질이 고약해지고 맙니다. 스트레스 때문인지 자식복도 없었어요. 그랬던 그가 마흔이 넘어서야 겨우 얻은 아이! 그게 사도세자입니다. 하지만 영조의 조급증은 자식에게 마음의 병을 주었고, 당쟁싸움으로 흉흉한 나라 분위기는 그 병을 더욱 키웠죠. 결국 영조는 아들을 쌀통에 가두어 굶겨 죽입니다. 할아버지가 아빠를 죽이는 장면을 지켜본 꼬꼬마 정조. 쌀통에 달라붙어 "아빠를 살려주세요"라며 빌었다는데요. 이 가엾은 어린아이가 과연 모든 상처를 딛고 훌륭한 어른이 될 수 있을까요? 결말은 이 책에서 확인하시기 바랍니다.

네이버에서 연재중인 〈조선왕조실톡〉은 옴니버스 웹툰이지만, 이 책에서는 읽는 분들의 편의를 위해 원고를 시대순으로 재정리했습니다. 그리고 왕 27명을 테마별로 묶어 가족 시트콤으로 만들었습니다. 무미건조한 "태정태세문단세……"가 아닌, 아빠와 아들, 아내와 남편, 삼촌과 조카로서 살아간 조선 왕들의 일상을 생생히 엿보시기 바랍니다. 또한 웹툰에 곁들여진 멋진 글 〈실록 돋보기〉가 여러분께 재미는 물론 알찬 지식도 선물해드릴 것입니다. 이 책과 이 책 속의 사람들이, 여러분의 좋은 친구가 되기를 바랍니다.

즐거운 대화시간 가지시길 빕니다.

P.S. 묘호는 왕이 승하한 후 붙이는 이름이지만, 책에서는 편의상 서로 묘호로 부릅니다. (예:세종, 태종)

이한

마침내 영조와 정조의 시대에 오게 되었습니다. 이 시기에는 워낙 매력적인 사람도 많고 드라마틱한 일도 많이 벌어져서, 이때를 다룬 소설이나 드라마, 영화와 만화도 자주 만들어졌지요. 제가 어릴 적에는 배우 최수종 씨가 사도세자로 나온 사극 『한중록』이 인기였는데, 의대증으로 괴로워하는 연기를 매우 실감나게 했습니다. 태어나는 순간부터 진로가 결정되어 왕 말고는 다른 일을 할 수 없는 인생이라면 그것도 나름 괴로운 일일 것 같습니다. 특히 그 일이 적성에 안 맞는다면 더욱 그렇겠지요.

사도세자의 비극이 있기는 하지만 이 시기는 이전과 이후에 비하면 빼어난 자질의 임금들이 왕 노릇을 했고, 그 덕분에 세상이 더 잘 돌아가고 좋아졌던 시기입니다. 특히 찌질함과 위대함을 겸비한 임금 정조가 눈부시게 활약했지요. 『조선왕조실록』의 바깥에서도 문화의 꽃이 활짝 피었고 다양한 사람들이 재미있는 이야기들을 아기자기하게 빚어 냈는데, 페이지에 한계가 있어서 모두 소개할 수 없는 게 안타까울 따름입니다.

조선 마지막 영광의 시기! 이 시기가 끝나면 망국의 시기로 접어들게 됩니다. 마지막이 얼마 안 남았다는 아쉬움과 함께 이제 마음껏 잘 수 있다는 기쁨이 어우러집니다. 즐거운 독서 되시길 빕니다.

차례

 1부 영조와 사도세자

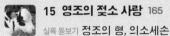

2부 정조

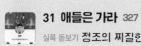

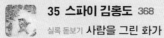

조선시대 그분들의
시시콜콜 사는 이야기

인생 살다 보면
별일이 다 일어난다.

그러니까 이런 일도
일어날 수 있다고 생각한다.

어느 날 갑자기
모르는 사람이 나를 친추했다.
_{구 가}

그리고 갑자기 쏟아지는
친구신청 알람.

놀라서 친구목록을 확인한 나는,
쯤 놀랐다.

아니 많이 놀랐다.

어느 날 갑자기 메신저로 찾아온,

조선시대 그분들의
시시콜콜 사는 이야기

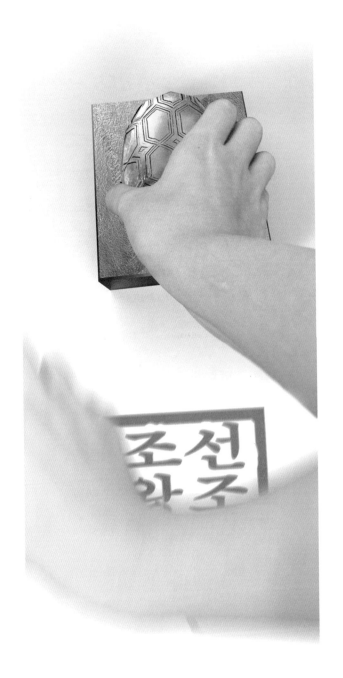

시
작
합
니
다.

1부

영조 패밀리

영조 1724~1776년 재위

사도세자 1735~1762년(생몰)

경종	속쓰려….
간장게장	어!
감	택!

하나요

깨작깨작

난… 뚱뚱하다.

그래서… 백성들은
맨날… 나한테…… 이런다.

@경종

Gap_sunny : 이열 우리전하
포텐셜 오지셔

Gap_sunny : #먹방하시면
탑찍을각ㅋㅋㅋ

편견을… 버려……ㅠㅠ

무슨… 약이
저렇게… 많냐고…?

그냥……;
한 몇… 년째 먹구 있어.

내가……
병이 좀… 있어 갖구…….

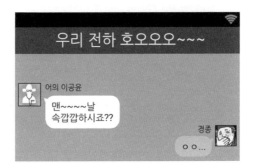

어의 이공윤

툭~허면 울컥허구~~
밤에도 푸욱~못주무시죠

ㅇㅇㅇ.....

어의 이공윤

다아~~~
화병입니다 그게~

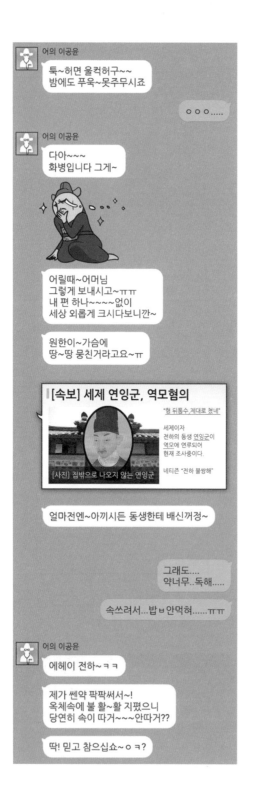

어릴때~어머님
그렇게 보내시고~ㅠㅠ
내 편 하나~~~~없이
세상 외롭게 크시다보니깐~

원한이~가슴에
땅~땅 뭉친거라고요~ㅠ

[속보] 세제 연잉군, 역모혐의

"형 뒤통수 제대로 첬네"

세제이자
전하의 동생 연잉군이
역모에 연루되어
현재 조사중이다.

[사진] 집밖으로 나오지 않는 연잉군

네티즌 "전하 불쌍해"

얼마전엔~아끼시든 동생한테 배신꺼정~

그래도....
약너무..독해.....

속쓰려서...밥ㅂ안먹혀......ㅠㅠ

어의 이공윤

에헤이 전하~ㅋㅋ

제가 쎈약 팍팍써서~!
옥체속에 불 활~활 지폈으니
당연히 속이 따거~~~안따거??

딱! 믿고 참으십쇼~ㅇㅋ?

나쁜기운 좠~~악 빼드릴께~~

아…….
배고파…….

근데……
먹ㄱ기… 싫어…….
일어날… 힘도… 없어……ㅠ

슬퍼…………..

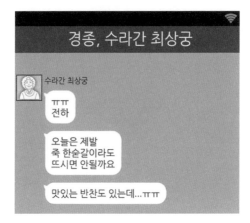

경종, 수라간 최상궁

수라간 최상궁

ㅠㅠ
전하

오늘은 제발
죽 한숟갈이라도
뜨시면 안될까요

맛있는 반찬도 있는데…ㅠㅠ

누구지……?
저… 귀한 걸…….

대비마마…?
아님… 연잉이……?

ㅠㅠ
못난… 나를…
챙겨주는…… 사람이

아직……
있구나……ㅠㅠ

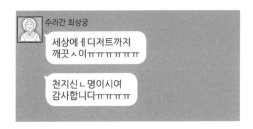

세상에ㅔ디저트까지
깨끗ㅅ이ㅠㅠㅠㅠㅠㅠ

천지신ㄴ명이시여
감사합니다ㅠㅠㅠㅠ

그날 내내 전하께선
화장실에서……
영혼까지 싸셨지.

끝.

정사 正史

실록에 기록된 것

- 경종, 어릴 때부터 화병에 시달리다. 어의 이공윤이 독한 약재들을 주로 처방하여 점점 비위가 약해져 이내 밥까지 거부하다.
- 경종, 오랜만에 수라로 올라온 간장게장과 감을 맛있게 먹다.
- 어의들, 그건 몸에 좋지 않은 조합이라며 약을 먹이나 그날 내내 심하게 설사를 하다.
- 정말로 심하게 설사를 하여 탈수와 탈진으로 의식불명에 빠지다.
- 세제 연잉군, 간호하러 궁에 오다.

기록에 없는 것

픽션

- 먹방은 없었다.

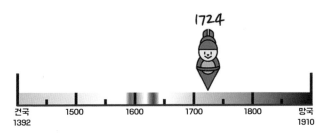

1724

| 건국 | 1500 | 1600 | 1700 | 1800 | 망국 |
| 1392 | | | | | 1910 |

- 첫 번째 이야기 -

세상 진미 노루 꼬리

짐승의 고기 중 가장 맛있는 부위는 어디일까? 그것이 사슴이나 노루라면? 상식적으로 생각하면 아무래도 부드럽고 담백한 안심이 맛이 좋을 것 같고, 산과 들을 뛰어 다니느라 근육이 생긴 다리 살도 쫄깃쫄깃할 것 같은데, 정작 조선시대에 가장 진미로 여겨진 부위는 바로 노루 꼬리鹿尾였다. 작아서 먹을 게 있나 싶지만, 당시에는 높이 사는 요리 재료였고 다듬는 방법도 특이했다. 『산림경제』에 따르면, 먼저 노루를 잡은 뒤 칼로 꼬리 뿌리의 털을 깎아 내고 뼈를 발라낸 뒤 약간의 동전과 소금을 채워 넣고 막대기에 꿰어 바람에 말린다. 노루든 사슴이든 그리 큰 동물도 아니고 그중에서도 꼬리는 더욱 작으며 그걸 또 말리면 훨씬 더 작아질 것 같은데, 그걸로 어떤 요리를 했던 것인지 상상이 되질 않는다. 대체 어떤 맛이 날지도 궁금하고 말이다.

아무튼 조선에서는 굉장한 진미로 알려져 있었다. 노루의 혀도 진귀한 음식에 들어갔지만, 그래도 노루 꼬리의 아성을 넘어설 수는 없었다. 조선을 대표하는 맛 사냥꾼 허균은 『도문대작』이라는 책에서 조선의 지역별 맛난 것 리스트를 만들었는데, 노루 꼬리는 전라북도 부안의 그늘에서 말린 것이 제일 좋고, 그 다음으로 제주도의 것이 좋다고 했다. 이렇게까지 말할 정도면 허균은 각 지역의 노루 꼬리를 다 먹어본 것 아니었을까.

그러다 보니 노루 꼬리는 임금의 수라상에도 올라갔고, 나라의 쓸모를 위한 공물 중에도 노루 꼬리가 포함되어 전국 각지, 특히 전라도와 제주도의 백성들은 매년 노루를 잡아다 꼬리를 말려 서울로 보냈다.

조선시대 여러 임금 중에서 가장 노루 꼬리를 좋아했던 사람은 연산군이었다. 좋게 말해서 예술을 좋아하고 섬세했던 연산군은 먹는 것도 비싸고 좋은 것만 가려 먹고 완벽까지 추구하며 말도 못하게 까탈스러웠다. 그래서 연산군은 즉위하자마자 전국 각도에서 노루 꼬리와 노루 혀를 계속 바치게 했고, 1504년(연산군 10)에는 노루 꼬리는 털이 달려 있는 것으로 보내야 한다고 엄명했다. 자신이 직접 보고 요리하는 것도 아니거늘 물건이 나쁘면 국문하고 세 번 이상 걸리면 큰 벌을 내리겠다고 으름장을 놓았을 정도이니 역시 폭군의 레벨은 남다르다고 하겠다.

그렇지만 노루 꼬리를 만드는 일은 당사자 짐승인 노루에게 생명의 위협임은 물론, 그것을 잡아서 손질해 말려야 하는 백성들에게도 매우 괴롭고 힘든 일이었다. 이렇게 수백 년이 흐르다 보니, 노루 꼬리를 진상해 오던 전라남도의 광양과 순천에는 노루 씨가 말라 더 이상 노루 꼬리를 만들지 못하게 되었다. 숫자가 줄어드니 여전히 노루 꼬리는 희귀한 식재료였다. 율곡 이이는 "노루 꼬리는 별로 맛있지도 않은데 워낙 귀해서 부자들이 사다 보니 값이 오르는 거다"라고 말하기도 했다.

입 짧은 것으로 이름난 영조도 노루 꼬리는 잘 먹었다. 늘 밥을 안 먹으려 드는 임금을 걱정해주는 신하들에게 "오늘 먹은 건 노루 꼬리뿐이다"라고 말한 적도 있고, 그나마 좋아하는 반찬이다 보니 신하들이 먼저 올리기도 했다. 하지만 영조는 1769년(영조 45)에 제주도에서는 노루 꼬리를 올리지 말라고 명령했다.

"꼬리가 60개면 노루도 60마리이고 1년에 두 번 올리면 120마리잖아. 불쌍해서 그걸 다 어떻게 먹냐?"

그런데도 임금이 그나마 젓가락을 대는 반찬이 노루 꼬리이다 보니 계속해서 꼬리가 올라왔고, 영조는 "어질지 않다"며 올리지 말라는 명령을 몇 번이고 더 내렸지만 잘 시행되지 않은 듯하다. 영조의 기나긴 통치 기간 동안 얼마나 많은 노루들이 꼬리를 바쳐야 했을까?

사약 먹은 경종

하나요
골골

연잉군(훗날영조)	노력했어	
경종	(알수없음)	

#조선 #20대왕 #경종
#간장게장 #감 #냠냠

#폭풍 설사

顔 안면장부

🏯 궁궐에서 알려드리오

#경종 전하……탈수 및 혼수상태.
백성여러분, #희망을 모아주세요ㅠㅠ

👍 연잉, 선의왕후, 소론당 외 172.4k

연잉OUT : 동생 @연잉군이 왕되려고
　　　　　형한테 간장게장 보낸거다
　　　　　믿으면 좋소이다 👍 17.24k

노론 : @연잉OUT 음모론ㄴㄴ 너신고

조선왕조실톡

임금이 심각하게 아프면,
신하들은 즉시
세자를 호출했으니.

아니깐
안심하고 오세요

와서 간호하셔야죠.....

둘이요

인삼과 부자

다리 주무르고
물수건 갈고,
뭐 그런 거냐고?

ㄴㄴ
더 어렵다.

형님 전하께서
드실 #약까지도
내가 처방해야 하는 것ㅇㅇ

來利報 | 기운나는 약 | 검색

Q. 형님이 쓰러지셨는데요

질문자 : 여닝94

정신을 못차리시네요
무슨무슨 약을 드셔야 벌떡 일어나실까요
추천받습니다 내공 50전

~주상전하 빨리 낳x나으세요~

세제 연잉
레시피 짜봤어
이대로 지어줘

A. 답변 : 이거 두개 조합하면 끝ㅋ

답변자 : 한약잘알

인삼 : 파워를 공급해주죠

부자 : 사약재료.....이긴 한데ㅎ
쪼끔만쓰면 보약도됨ㅋ

어이없는 어의
???????

부자 : 사약재료.....
쪼끔만쓰면

??????????????????

? 뭐야
뭔생각하는데

설마 내ㅐ가 형님
어떻게 할것같아??

어이없는 어의
....
ㄴ..........

서운하다
진짜

사약재료.....이긴 한데ㅎ
쪼끔만쓰면 보약도됨ㅋ

이거 어차피 나도 먹는건데

※시약侍藥 : 임금이 먹는 약을 세자가
기미상궁처럼 맛보는 것.

어이없는 어의
송구합니다

세자저하 믿죠
당연히

어의어의ㅋ
ㅇㅇㅠㅠㅠ

뭐해그럼
얼른 달여와
형님 기다리셔

빨리빨리
조선인은
빨리빨리

＋   ☺ 전송

셋이요 어...?

누워 계시던 형님.

하지만 내가 약을 가져가자,
잠시나마 정신을 차리셨다.

그리곤 그릇을
남김없이 비우셨다고!
#굿굿

[감동실화] [생중계] 연잉군의 형 간호일기

- 세제 연잉 : 보라. 형님 코끝 빨개졌지?
- 신료들 : (ㅎㅎㅎ)

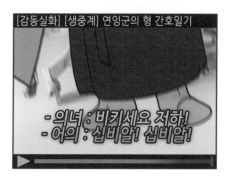

1 전하 훙 ↑

실시간 급상승 검색어
1 전하 훙
2 훙
3 사망
4 경종 사망
5 명복을 빕니다
6 RIP
7 주상전하 빈소
8 경종 이윤
9 사망발표 기자회견
10 세제 연잉군   NEW!

1 세제 연잉군 ↑

실시간 급상승 검색어
1 세제 연잉군   ↑
2 전하 훙
3 경종 사망
4 명복을 빕니다
5 훙
6 연잉군   NEW!
7 간장게장   NEW!
8 감   NEW!
9 인삼 부자   NEW!
10 사약   NEW!

1 연잉군 독살 ⬆

실시간 급상승 검색어

1 연잉군 독살   NEW!

2 독살   NEW!

3 세제 연잉군   NEW!

4 살인자   NEW!

5 인삼 부자

6 사약

7 간장게장

8 감

9 전하 훙

10 경종 사망

우연일까
실수일까
일부러까;

어쨌든
#영조탄생. 끝.

- 화병이 심했던 경종, 평생 독한 약을 달고 살다. 위장이 매우 약해지다.
- 앓아누운 경종, 수라에 올라온 간장게장과 감을 맛있게 먹다. 며칠 내 내 심한 설사를 하다.
- 경종, 의식을 잃고 쓰러지다. 배다른 남동생인 세제 연잉(영조), 형을 간호하기 위해 불려 오다.
- 연잉, 좀처럼 정신을 못 차리는 경종이 기운을 차려야 한다며 인삼과 부자를 달여 올릴 것을 청하다. 어의들, "그랬다간 기운을 두 번 다시 못 돌릴 수 있다"며 경고했으나 연잉, 울면서 고집하다.
- 연잉, 경종에게 인삼부자차 올리다. 경종, 콧등이 따뜻해지고 눈을 조금 바로 뜨다. 연잉, "내가 의약의 이치를 알지 못하나 그래도 인삼과 부자가 양기를 회복시키는 것만은 안다."
- 그러나 경종, 그 후 의식을 잃고 사망하다. 연잉, 즉위하여 영조가 되다. 평생 독살설에 시달리다.

- CPR은 19세기에 시작됐다고.

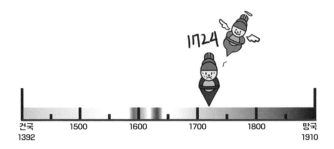

1724

건국　1500　　　1600　　　1700　　　1800　　망국
1392　　　　　　　　　　　　　　　　　　　　　1910

- 두 번째 이야기 -

세자가 아니었지만 왕이 된 임금

영조는 조선 임금들 중에서 가장 오래 살았고 가장 오래 치세를 했다. 그러나 형 경종의 독살설에 휘말렸던 어린 시절과 아들 사도세자를 죽이고 손자 정조를 보듬는 늙은이의 이미지가 강렬하다 보니 정작 한참 일하는 장년의 모습은 잘 상상이 되지 않는다. 두 왕비와의 연애만으로 기억되는 아버지 숙종보다는 낫지만 말이다.

영조는 숙종의 서자로 태어났고, 세자는 희빈 장씨의 아들인 경종이었다. 그러니 원래대로라면 경종의 후손이 왕위를 이어야 했지만 경종에게서 자식이 태어나지 않았던 탓에 노론의 지지를 등에 업고 세제로 책봉이 되었다. 그래서 왕으로서의 교육도 꽤 늦어진 편이었다. 그럼에도 그는 분명 이전보다 나은 조선을 만들어 냈다. 괜히 조선 후기의 중흥기로 영정조 시대를 꼽는 것이 아니다.

흔히 영조는 어머니 숙빈의 천한 신분 때문에 콤플렉스를 가지고 있었다는 이야기가 꽤 널리 받아들여지는데, 그래봤자 아버지가 왕이었고 왕손이란 것만으로도 남과 차원이 다르게 고귀한 신분이었기에 영조가 그 정도로 고민했을지는 의문이다. 그러나 영조가 서민들에게 많은 관심을 가진 것은 사실이었다. 그가 총애했던 여자들은 하나같이 양반 집안이 아닌 궁녀 출신이었고, 서얼들에게 벼슬길을 열어 주기도 했으며, 여자 종들에게 매겨지던 세금을 철폐하기도 했다.

영조를 괴롭힌 것은 출신 문제보다도 당파싸움이었을 것이다. 만약 노론과 소론의 싸움이 없었다면 경종과 영조의 즉위는 훨씬 매끄러울 수 있었겠지만 이들의 치열한 싸움 때문에 영조는 죽을 고비를 몇 번이나 넘겨야 했고 즉위한 이후로도 고통받았다.

그래서 영조는 탕평에 온 힘을 기울였고 그의 치세는 아주 길고도 지긋지긋한 정치싸움의 연속이었다. 영조는 유생들이 공부하는 성균관에까지 탕평비를 세워 기나긴 당파싸움에 종지부를 찍으려고 했지만 쉽지 않았다. 경종 시기 신임옥사 때 김창집, 이이명 등 노론의 지도자였던 4대신이 모조리 처형을 당했기에 노론은 자신들이 죽임을 당하면서까지 지켜준 영조가 노론 편을 들어주지 않는다고 투덜댔고, 소론들은 영조가 경종을 죽인 것 아니냐며 눈을 부라렸다. 이들의 다툼은 영조의 전 치세 동안 이어졌으니, 노론은 소론을 역적으로 선언하자고 영조를 졸랐고 소론은 반역이나 나주벽서사건 등을 일으키며 영조에게 반발했다.

　물론 개중에는 소론이면서도 이인좌의 난을 진압하고 영조와 끈끈한(?) 정을 나눈 박문수 같은 인물이 있긴 했지만 소론의 지속적인 제 살 깎아먹기로 세력은 차츰 약해질 수밖에 없었다. 북인은 광해군 이후로 멸종한 지 오래였고, 남인은 숙종 때 큰 타격을 입어 미미한 숫자로만 남아 있었다. 이런 와중에도 영조는 그의 끈덕진 고집으로 탕평을 밀고 나갔고, 때로는 세자에게 왕위를 넘기겠다며 신하들을 협박해 탕평을 받아들이게 했지만 이미 기울어진 운동장에서는 모든 것에 한계가 있었다.

　1755년(영조 31), 영조는 『천의소감』이란 책을 편찬했으니, 아버지 숙종에서부터 형 경종을 거쳐 자신으로 내려오는 왕위 계승이 정당했음을 입증한 책이다. 흔히 사람들에게는 "간장게장 올린 것은 내가 아니다!"라는 내용이라 알려져 있지만 실제로는 경종 때의 신임옥사 이래 이인좌의 난 등 영조 시대 복잡다단했던 정치사의 흐름을 훑고 있으며 결론은 노론이 충신이었으며 소론 및 남인들은 역모에 참여했다는 내용이다. 이 책이 나오며 소론 사람들에게는 반역죄가 적용되어 관직을 박탈당하기도 했다. 영조가 이런 책을 만들었다는 것은 아주 오랫동안 탕평을 외쳤지만 결국 현실적인 문제 앞에서 노론의 손을 들어주었다는 뜻이다. 탕평의 노력에도 불구하고 여전히 노론은 가장 많고도 강력한 세력을 가지고 있었고, 그 덕에 이후로 수많은 역사 소설과 사극 드라마에서 악역을 도맡게 되었다. 조선왕조실록

> 영조   또rrrr....

하나요
TT

#조선_장수왕
#비정한_아비

우리 전하 별명들이다.

來利報 영조 [검색]

연관검색어 살인자 왕 주상전하 21대 연잉군 경종

영조 정치인

본명 이 금

출생 한양

소속 조선 왕실

가족 부 숙종
모 숙빈최씨
형 경종(사망)

어느 것이나
기가 센 이미지.

하지만……
의외의 모습도 있단 거.

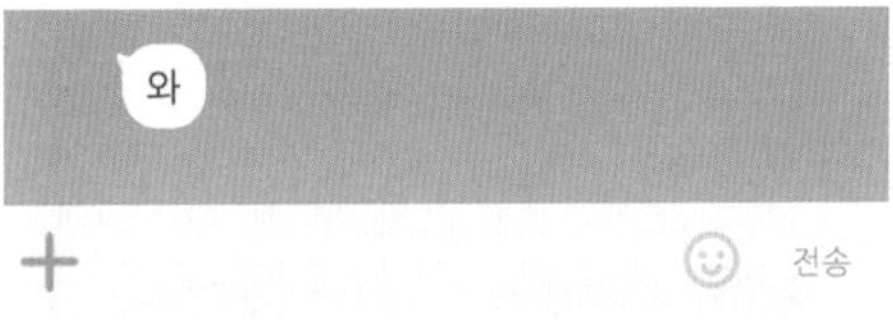
와
전송

그래.
우리 전하 #울보다.
#역대급이라고 장담함ㅇㅇ

?
건장한 청년께서
왜 저러시냐고?
흠………….

人數多口來門
영조 @pure_0zo
유니폼 착샷ㅋ #첫출근 #힘내자
노론, 정성왕후님 외 17.24k
soron01: 어울리시네요ㅋ
soron01: 근데 형 왜죽임?

영조 @pure_0zo

새해를 맞아 봉사활동~#뿌듯

#구휼 #희망 #행복 #합비누이야

♥ 노론, 소론 온건파 외 169.4k

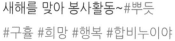
soron02: 좋은일하셨네요 멋짐

soron02: 근데 그런분이ㅠㅠ

형은 왜 죽임ㅠ🦀🦪?

人數多口來門

영조 @pure_0zo

경종형님

금아...ㅎㅎ

형님마마_경종님의 선물:
세자용 도장 - [각인 : 통通]

※업무용이라 인감도장으론 못쓰오!

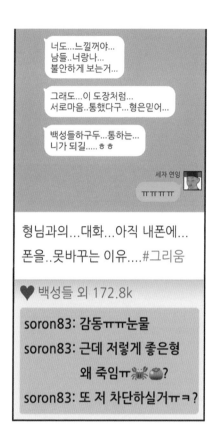

○ ○

아마 저게 원인일 거다.
그리고 결정적으로

[속보]이인좌, 역모 일으켜[1보]

소론 강경파 "경종전하의 원수를 갚자"
"살인자 영조…처단하라"

44
∨
45

다행히 진압했지만,
저때부터인듯?

봉숭아처럼……
#눈물보 터지신 게ㅠㅠ

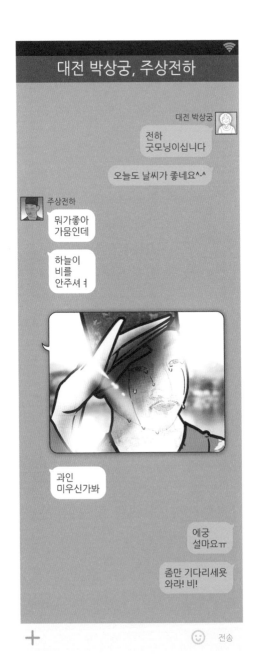

#취급주의

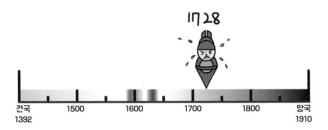

손대면 토혹 하고
터질 것만 같은 전하♪

ㅎㅎㅎ

실록에 기록된 것

- 연잉, 즉위하여 영조가 되다. 데뷔 순간부터 독살설에 휘말리다.
- 영조, 자신을 견제했던 소론도 등용하다. 온건파를 요직에 앉히다.
- 그러자 소론 강경파와 남인, "살인자 영조가 벼슬로 사대부를 낚는다" 며 역모를 일으키다. 이인좌의 난.
- 그러나 역모, 곧 진압되다.
- 영조, 툭하면 울다. 형 경종이 그리워서 울고, 신하들이 당파싸움을 해 서 울고, 백성들이 불쌍해서 울고, 역모가 일어나서 울고, 비가 너무 안 와서 울고, 비가 너무 많이 와서 울다. 신하들, 영조가 울 때마다 당황 해서 뜻을 굽히다. 영조, 우울증 호소하다. 더욱 깐깐하고 예민해지다.
- 영조, 형 경종이 준 '통通' 도장을 즉위해서까지 쓰다.

기록에 없는 것

픽션

- 땡땡이 우비는 없었다.

1728

건국 1392 · 1500 · 1600 · 1700 · 1800 · 망국 1910

딸부자 영조

영조는 조선의 임금 중에서도 손꼽히는 딸부자로, 네 명의 후궁에게서 열두 명의 딸을 얻었다.

첫째 딸 화억옹주는 영조의 왕자 시절 정빈 이씨에게서 태어났는데 영조의 첫 자식이기도 했다. 고운 향기와 예쁘다는 말을 모두 넣어 향염香艶이라 이름 지었으니 몹시도 사랑했을 것이다. 하지만 불행히도 한 살도 되기 전에 세상을 떠났다. 당시 연잉군이었던 영조는 딸의 죽음을 슬퍼하며 제문을 손수 지었고, 훗날 왕이 된 뒤 어려서 죽은 딸을 화억옹주로 추증했다. 그때는 화억옹주가 죽은 지 무려 55년이 지난 다음이었다. 그렇게 오랜 세월이 지나도록 영조는 가슴에 묻은 첫 자식을 잊을 수 없었던 모양이다.

화순옹주 역시 정빈 이씨의 딸이다. 그녀는 김한신과 결혼했다가 남편이 젊은 나이에 세상을 떠나자 그 뒤를 따라가겠다며 식음을 전폐했다. 이 소식을 들은 영조는 직접 딸에게 찾아가 밥을 먹으라고 명령했지만 화순옹주는 조금 먹다가 이내 토해 버렸고 결국 정말로 세상을 떠나고 말았다. 신하들은 영조에게 화순옹주를 열녀로 삼자고 말했지만 영조는 부모에게 불효를 했다며 화를 냈고 그 조카인 정조가 왕이 된 뒤 비로소 열녀로 정려했다.

셋째 딸 화평옹주는 영빈 이씨가 낳은 첫째 딸로 영조가 "딸 중에서 내 마음을 가장 잘 알아준다"며 매우 총애했다. 그런데 스물한 살의 나이에 아이를 낳다가 세상을 떠난다. 소식을 들은 영조는 신하들의 만류를 뿌리치고 옹주의 집으로 찾아가 슬퍼했고 장례를 국상에 버금가게 성대하게 치르게 했다.

이후 넷째, 다섯째, 여섯째 딸은 모두 일찍 죽어 옹주의 이름도 받지 못했다. 일곱째 딸은 화협옹주로 사도세자의 두 살 위 누나였는데, 이 역시도 이른 나이에 세상을 떠났다. 여덟 번째 딸은 귀인 조씨에게서 태어났는데 일찍 죽었다.

아홉 번 째 딸은 화완옹주로 영빈 이씨의 막내딸이고 화평옹주가 죽은 뒤 영조의 사랑을 독차지한 옹주였다. 그런데 사도세자와 갈등을 빚었다는 이유로 사극 드라마에서는 늘 사도세자와 정조를 괴롭히는 악역으로 등장하곤 한다. 그런 사정과는 별개로 일찍 남편과 자식을 잃고 양자까지도 처형당했으며, 옹주의 신분마저 잃고 조카 정조의 미움을 받아가며 외로운 삶을 살아야 했다.

열 번째 딸은 화유옹주로 귀인 조씨의 소생이었고 열한 번째 딸인 화령옹주와 열두 번째 딸인 화길옹주는 모두 숙의 문씨의 소생이었다.

비록 영조는 후계 문제로 골머리를 앓으면서 아들을 몹시 바랐지만 그렇다고 해서 딸을 사랑하지 않은 것은 아니었다. 정확히 말하면 딸들을 아들보다도 훨씬 사랑했고 사위들에게도 애정을 쏟았다.

영조가 76세 되던 1769년(영조 45), 영조는 사위들이 찾아온 날 글을 썼는데, 제목 하여 『희아금지옥엽噫我金枝玉葉』, 요즘 말로 바꾸자면 '아 나의 사랑스러운 아이들'이었다. 조선시대 때 왕의 사위를 도위都尉, 적손녀 사위는 부위副尉, 서손녀 사위는 첨위僉尉라고 했는데 영조는 자신이 효종이나 현종보다 더 많은 일곱 명의 도위와 두 부위, 두 첨위를 가졌다고 자랑하면서 "만약 딸들이 모두 살아 있었으면 사위가 열두 명은 되었을 것"이라고 말했다. 그러면서 딸들을 헤아리며 "저 아이도 생각나고 이 아이도 생각나니 어찌 내 마음이 나무고 내 간장이 돌이겠는가"라고 말하기도 했다. 이렇게나 애틋하게 딸들을 사랑했던 영조였거늘 어째서 하나뿐인 아들에게는 그렇게나 냉정했을까. 조선왕조실록

하나요 꼭먹어

#자식이면 #공감
99.8%에 도전한다.

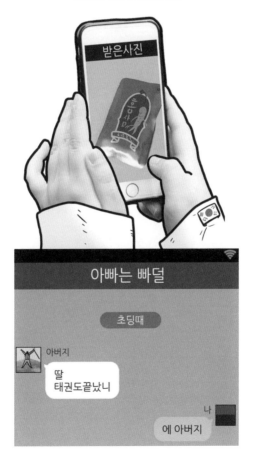

둘이요
상업의 발달

#엄빠의_매직포션
#홍삼

인삼을 쪄서 만드는데,
고려시대에도 있었다고 한다.

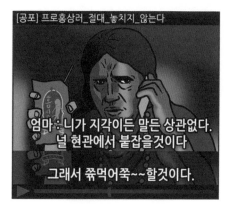

하지만 확 뜬 건
숙종, 경종, 영조가 다스리던 조선 후기.

농사에 목맸던 백성들이
훅 태세 전환하던 때였으니.

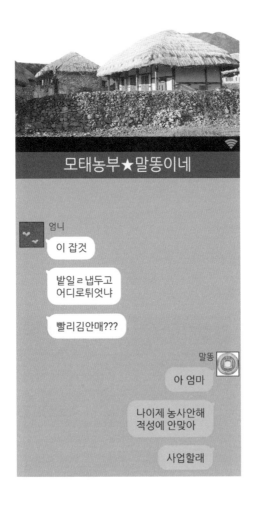

모태농부★말똥이네

엄니
이 잡것

밭일ㄹ 냅두고
어디로튀엇냐

빨리김안매???

말똥
아 엄마

나이제 농사안해
적성에 안맞아

사업할래

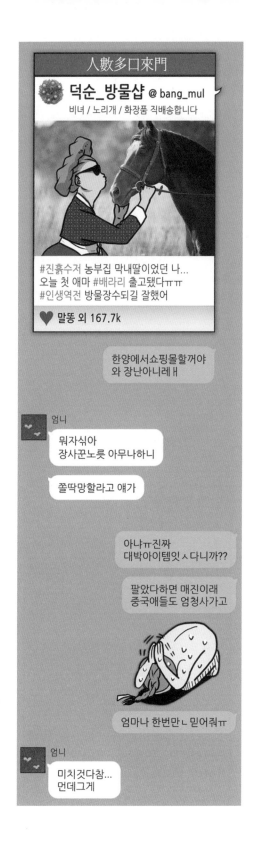

人數多口來門

덕순_방물샵 @ bang_mul
비녀 / 노리개 / 화장품 직배송합니다

#진흙수저 농부집 막내딸이었던 나...
오늘 첫 애마 #배라리 출고됐다ㅠㅠ
#인생역전 방물장수되길 잘했어

♥ 말똥 외 167.7k

한양에서쇼핑몰할꺼야
와 장난아니레ㅐ

엄니
뭐자싶어
장사꾼노릇 아무나하니

쫄딱망할라고 얘가

아냐ㅠ진짜
대박아이템잇ㅅ다니까??

팔았다하면 매진이래
중국애들도 엄청사가고

엄마나 한번만ㄴ 믿어줘ㅠ

엄니
미치것다참...
먼데그게

#대박아이템 #인삼

하지만 문제가 있었다.

날것이라 배송 중에
금방
썩어 버린 것이다.

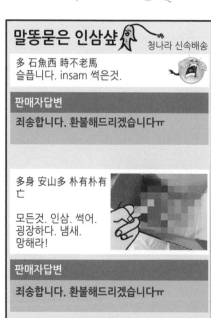

말똥묻은 인삼샵 청나라 신속배송

多 石魚西 時不老馬
슬픕니다. insam 썩은것.

판매자답변

죄송합니다. 환불해드리겠습니다ㅠ

多身 安山多 朴有朴有
亡

모든것. 인삼. 썩어.
굉장하다. 냄새.
망해라!

판매자답변

죄송합니다. 환불해드리겠습니다ㅠ

꿈에 부풀었던
백성들,

말 그대로 폭삭
망해 버리고 말았으니.

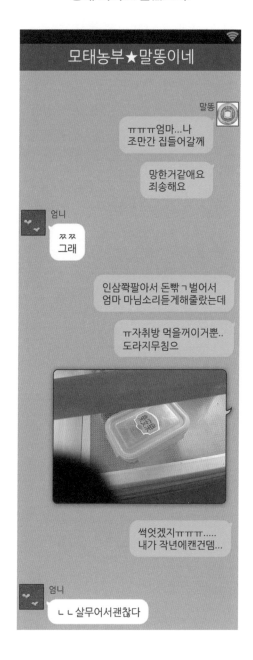

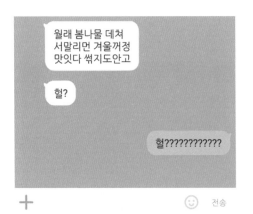

인삼 익혀서 말린
붉은 #홍삼
불티나게 팔리다.
#효자상품 #두유노_홍샘?

힘이.불끈^^
먹고싶다.매일매일.행복.

쮸ㅇㅇㅇㅇ윱. 쮸ㅇㅇㅇㅇ윱.

실록에 기록된 것 정사 正史

- 조선, 점점 상업 발달하다. 경강상인, 보부상, 방물장수 등 대박치는 상인들이 나타나다.
- 산삼은 조선의 전통적인 수출품. 상인들, 돈을 투자해 인공적으로 삼을 키워 내다. 그것이 인삼.
- 하지만 유통 중 문제가 생기자 인삼을 쪄서 말리는 홍삼 제조해 새로운 인기 상품으로 만들다. 청나라 사신들의 필수 기념품.
- 홍삼 만드는 증포소, 한양과 개성에 주로 있었다고.

기록에 없는 것 픽션

- 냉장고는 없었다.

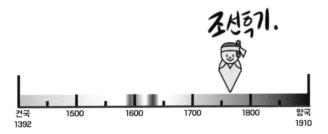

조선후기.

건국 1392 1500 1600 1700 1800 망국 1910

조선 명방 쇠고기환

조선의 유명한 특산물로는 인삼이나 청심원이 널리 알려져 있지만 여기에 하나를 덧붙이자면 쇠고기환이다. 한자로는 우육환牛肉丸이라고 쓴다. 오늘날의 미트볼 같은 음식이냐고? 그게 아니라 쇠고기를 잘 말려서 가루로 만든 뒤 둥그렇게 뭉친 것으로, 엄밀히 말해 음식이라기보다는 약에 가까웠다. 이 환이 일본에서 선풍적인 인기를 끌었다.

일본은 오랫동안 불교의 나라였기에 살생을 꺼려하여 고기를 먹을 수 있는 기회가 드물었다. 무타구치 렌야牟田口廉也라는 한 장군은 "일본인은 초식동물이다! 길가의 풀만 먹어도 돼!"라고 우기며 무리한 전쟁을 수행하다가 2차대전의 패망과 한국의 독립에 크게 기여하기도 한다. 그러나 동물성 단백질 섭취를 모두가 무시할 수는 없다. 고기를 먹지 않으면 빈혈이나 여러 이상 증상을 겪기도 쉽고, 특히 아직 어린 아이들에게는 영양실조의 위험이 있었다. 먹을 거리가 풍부하지 않은 옛날에는 더욱 그랬을 것이다.

그런 일본인들에게 조선의 명방 쇠고기환은 고기를 먹을 방도가 되어주었다. 이중에도 여러 제품들이 있었지만 조선과 가장 가까운 곳인 쓰시마 섬을 통해 전래된 것이 최고의 명품 쇠고기환으로 꼽혔다. 말린 고기 가루를 뭉친 것이 맛있었을지는 알 수 없지만, 어떻든 약을 먹는다는 그럴싸한 핑계로 동물성 단백질을 먹을 수 있는 귀한 기회였다.

일본의 백과사전 『화한삼재도회』에서는 이 약이 기를 북돋아주며 비장에 좋다 적고 있고, 이게 흘러가 세상 병을 다 낫게 해주는 만병통치약이라는 소문이 나게 되어 쇠고기환의 인기도 폭발했다. 그 당시 소설책 뒷면에는 조선 명방 쇠고기환의 광고가 곧잘 실려 있었다.

하다못해 길거리에서 파는 군것질거리도 원조를 따지는 형편이니 쇠고기환도

이와 다를 바 없었다. 장사가 되니 많은 사람들이 쇠고기환을 만들어 팔았고, 이 시기 일본 상점들의 광고지에는 "쇠고기환은 우리 가게가 원조! 유사품에 속지 마세요!"라는 문구가 쓰여 있었다.

그런데 이 이야기를 보다 보면 의문이 들 것이다. '조선의 쇠고기환이라고? 그런 음식이 정말 조선에 있었다고?' 고개를 갸웃하게 되지 않는가? 정작 한국인인 우리는 그런 음식이고 약이고 영 들어본 적이 없으니 말이다. 그건 조선 사람들도 마찬가지였을 것이다. 엄밀하게 말해 쇠고기환의 최초 기원은 명나라의 의술책인 『본초강목』에 나오는 반본환反本丸인 듯하다. 기운을 되돌려주는 약이란 뜻이니 고기환에게 어울리는 이름인 듯도 싶다. 그리고 일본에서는 조선의 의사 함득일이라는 사람이 찾아와 만드는 법을 알려줬다는 전설이 전하고 있다. 그런 사람이 정말 있기는 했을까?

왜 일본은 쇠고기환에 조선의 이름을 붙였을까. 고기를 가져오기에 중국은 너무 멀고 조선은 쇠고기를 무척 좋아했다. 소를 키우는 것은 고기를 먹기 위해서만은 아니었으며 가죽을 얻기 위함이기도 했다. 일본은 조선에게서 매년 막대한 양의 쇠가죽을 수입하고 있었으며 소와 관련된 것들 대부분을 조선에서 수입했으니 쇠고기환에 조선의 이름을 붙인 것도 자연스럽다. 일본에서는 조선의 이름을 딴 쇠고기환이 그렇게 유명했다는데 조선에는 쇠고기환의 ㅅ 자도 없었던 이유가 아리송할 뿐이다.

정확한 이유는 이제 와서 알 수 없지만 그래도 어쩐지 짐작이 간다. 고기란 굳이 말리고 빻아 약으로 만들어 먹기보다는 지지고 볶고 삶아서 먹는 게 훨씬 맛있으니 말이다. 메이지 유신이 시작되며 일본에서도 고기를 먹는 것이 허락되었고, 샤브샤브 가게 등이 크게 유행하면서 우육환도 차츰 역사의 뒤안길로 사라지게 되었다. 조선왕조실록

05

술이 들어간다

영조   쭉/죽\쭉/쭉쭉

하나요 금주령

사람들이 내게
장수의 비결을 묻더군.

운동하기?
채소 많이 먹기?

ㄴㄴ.

욕을 하도 먹어서
언제나 건강한 듯.

난 조선 최고로
#엄격한 사람이니까.

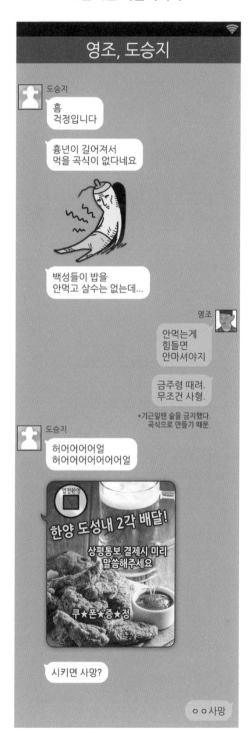

도승지
ㅠㅠㅠㅠㅠㅠㅠㅠㅠㅠㅠ
ㅠㅠㅠㅠㅠㅠㅠㅠㅠㅠㅠ

이걸 위해ㅠㅠㅠ
일주일을 버텼는데

닥쳐라

종묘사직을
위해서다

둘이요
아른아른

누군 좋겠나?
나도 술 진짜 사랑한다.

하지만
종묘사직을 위해서
피도 눈물도 버렸다.

내 사전에 타협은 없어!

[어명] 금주령으로 흉년 극복합시다

강녕하십니까!
사랑하는 백성 여러분.

지난해 가뭄과 홍수가 심하여,
논과 밭이 엉망이 되었습니다.
우리 창고는 텅텅 비었으며,
아이들은 배고파 울고 있습니다.

[사진] 몰래 술마시다 잡힌 죄인

그런데 이 소중한 곡식을 써서
고작 술따위를 만들어서야 되겠습니까?

술은 사람을 못쓰게 만듭니다.
잠깐의 유혹을 참아 미래를 지킵시다.

음. 좋군.
이만하면 더
수정할 곳 없지?

일주일째
술을 끊었더니
글도 잘 써지는군.

……음??

[어명] 금주령으로 흉년 극복합시다

강녕하술!
사랑하술 백성 여러술.

지난해 가뭄술 홍수술 심하술,
논술 밭술 엉망술 되었술.
우리 창고술 텅텅 비었술며,
아이들술 배고파 술고 있술.

[사진] 몰래 술마시다 잡힌 죄인

그런데 이 술중한 곡식술 써술
고작 술따위술 만술어서야 되겠술?

술술 사람술 못쓰게 만드술.
잠깐술 유혹술 참아 미래술 지키소주.

으으음;;;;;;;?????

[어명] 금주령으로 흉년 극복합시다

술술술술!
술술술술 술술 막걸리.

술술술 술술술 술술술 술술술,
소주.소주 깡소주 소주주.
막걸 막걸리 막막 걸리걸리,
타주주주 탁주주 탁탁 탁주.

[사진] 몰래 술마시다 잡

술술술술 술 술술술 술술술 술술
치킨 곱창곱창 모둠과일셀 오징어?

술술 술술술 술술술 술술술.
적셔라 적적셔 적셔 쭉쭉쭉 쭉쭉쭉쭉.

어억;;;;;!!!!!

셋이요 (꿀꺽)

……
…………
………………

(부르르르르르르)

(움찔)

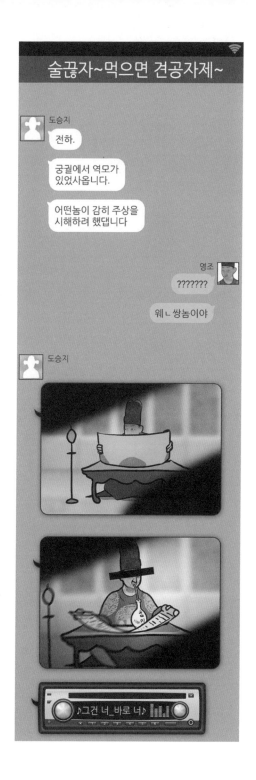

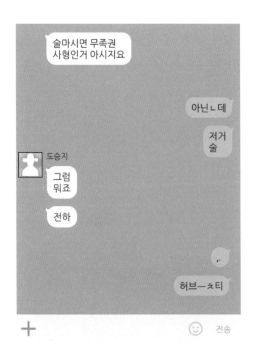

까아악
내가 다 부끄러움.

까악.

- 영조, 팔순까지 장수하다.
- 영조, 평생 검소하게 살다. 수라도 밥 한 그릇에 반찬 두엇만 먹다.
- 영조, 재위 내내 금주령을 엄히 실시하다. 곡식을 아끼고 백성들 기강을 잡기 위해서였다.
- 술을 매우 좋아했던 영조, 신하들에게 몇 번인가 술 먹는 모습이 발각되다. "술을 못 끊으시니 건강이 걱정됩니다"라고 신하들이 돌려 까자, "내가 마신 건 오미자차다"라고 변명하다.

기록에 없는 것   픽션

- 양념 치킨은 없었다.

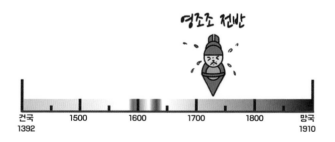

영조조 전반

건국 1392   1500   1600   1700   1800   망국 1910

- 다섯 번째 이야기 -

그는 술을 마시지 않았다

조선 사람들에게 술은 없어서는 안 되는 음료였다. 사이다니 콜라니 커피가 없던 시절이라 특별히 마실 만한 음료가 술밖에 없기도 했고, 맛있고 다채로운 술을 만들어 제사를 지내고 손님을 대접하는 것이 당시에는 아주 중요한 일이었다. 따라서 조선시대에는 음식 조리법 못지않게 수백 가지에 이르는 술 담그는 법이 있었고, 『음식디미방』을 비롯한 조선시대 요리책에서도 이들을 자세히 다루었다. 술을 담그는 주재료는 쌀과 곡식이었고 그러다 보니 밥으로 먹어야 할 곡식까지 술로 만들어 굶주리는 사람들이 나오게 되었다. 그래서 금주령이 내려졌다.

대부분의 금주령은 흉년 때 잠깐 시행되는 정도였지만, 1756년(영조 32) 영조가 내린 금주령은 자그마치 10년 동안이나 계속된 최장기 금주 프로젝트였다. 금주 기간이 너무 길다 보니 술을 담갔다가 사형을 당하는 사람이 나오기까지 했다. 그러나 이 금주령에 얽힌 가장 안타까운 사연은 사도세자의 이야기일 것이다.

1756년, 사도세자는 이미 대리청정을 시작한 지 6년째였다. 영조가 금주령을 내린 지 4개월쯤 지났을 무렵인 5월 1일, 사도세자의 거처인 동궁에 불이 난다. 『조선왕조실록』에서는 화재의 원인이 불명이라고 나와 있지만 『승정원일기』에는 실마리가 남아 있다. 그날 영조는 신하들과 만난 뒤 갑작스레 사도세자가 있는 낙선당으로 갔다. 낙선당에서 무슨 일이 벌어졌는지는 기록이 없지만 영조는 사도세자의 궁인 두 명을 유배 보내 버렸다. 거짓말을 했다는 이유에서였는데 그 내용이 사도세자와 연관이 있었을 것이다. 이어 사도세자는 신하들을 만났고, 그 직후 불이 났다.

이 때 사도세자에게 무슨 일이 있었는지는 자세히 알 수 없다. 그로부터 20년 뒤

세손 정조가 그 기록을 없애 버리자고 할아버지 영조에게 건의했기 때문이다. 왜 기록을 삭제했을까? 그 기록이 사도세자가 죽게 된 원인과 관련이 있기 때문이었다. 도대체 무슨 일이 있었을까. 이 숨은 내막을 밝혀주는 것이 바로 혜경궁 홍씨의 『한중록』이다.

5월 1일, 영조가 불쑥 사도세자를 찾아왔을 때 사도세자는 얼굴도 씻지 않고 옷매무새도 흐트러져 있었다. 늦잠을 잤을 수도 있고, 마음의 병이 도졌을 수도 있고, 피곤했을 수도 있다. 하지만 영조는 사도세자가 술을 마셨다고 의심했다. 아니라고 부인했으면 좋았겠지만 사도세자는 언제나 영조 앞에서는 겁을 집어먹고 쭈뼛쭈뼛 말을 잘하지 못했다. 다그치는 아버지 앞에서 사도세자는 어물어물거리다가 자신이 술을 마셨노라고 있지도 않은 죄를 인정하고 말았다. 영조는 당연히 화를 냈고, 그래도 사도세자를 벌할 수는 없어 궁인들에게 대신 벌을 줬다.

이후 아버지가 떠나자 사도세자는 비로소 참았던 설움이 폭발했다. 자신이 억울한 누명을 썼는데 어째서 보고만 있었냐며 주변 신하들을 원망하기까지 했다. 그래서 모두 보기 싫다고 나가라며 소동을 벌이던 중 촛대가 넘어졌고, 그 서슬에 불이 났다는 것이다.

화재 소식을 듣자 영조는 사도세자가 일부러 불을 낸 것이라고 여겼고, 열 배쯤 더 화가 나서 신하들이 보는 앞에 사도세자를 불러다가 "네가 불한당이냐? 불은 왜 질러?"라며 몰아세웠다. 이번에도 사도세자는 자신의 억울함을 제대로 설명하지 못한 채 아버지의 꾸중을 들었고 반성문까지 써야 했다. 이 사건으로 사도세자는 크게 망가져 버렸으니, 원래부터 술을 잘 마시지 못하던 사도세자였건만 이후로는 금주령을 아랑곳하지 않고 술을 마셨다. 주량은 제자리걸음이라 잘 마시지 못했음에도 억지로 술을 들여와 궐중에 술이 낭자할 지경이 되었다고 한다.

"절절이 서럽고 갑갑하더라."

이 모든 광경을 지켜본 혜경궁은 이렇게 『한중록』에 적었다. 무슨 말을 더 할 수 있겠는가. 사랑과 기대와 절망과 슬픔이 뒤범벅이 된 이들 부자의 관계는 무려 수백 년이나 지나서도 지켜보는 사람들의 숨을 막히게 할 정도로 배배 꼬여 있으니 말이다.

조선왕조실록

06
금이야 옥이야 사도야

	영빈이씨	♥우쭈쭈♥
영조		♥내새꾸♥
사도세자		

하나요

태몽 없이 태어난 아이

허…… 요즘
미칠 듯이 바쁘다.

밥 먹을 틈이 없네ㅎㅎ

人數多口來門

영조 @pure_0zo

오늘중에 볼것들 #세금개혁안
#인징🐵 #족징🐵 #삼정의_문란
#군포부담_줄여주겠노라😊😊

♥ 백성 173.4k

하지만
여보에게 온
이 사진을 본 순간,

서류 따위 다 내팽개쳤으니.

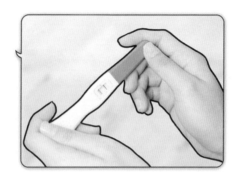

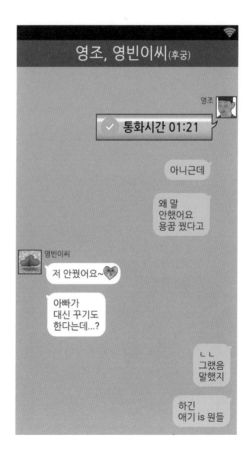

그리고
다음해(1735년),
아기가 태어났다.

7년간
손꼽아 기다린 #세자.
#기쁨 #만세 #행복

근데……．

영조

ㅋㅋㅋㅋ

분홍색만
남겼네요

선이가
딸기맛을
싫어하나봄?

영빈이씨

ㄴㄴ
하늘천 땅지
써있어서 안먹겠대요

천지신명께서 노하신다구

????????????

한자
아는거????

영빈이씨

^^ 💜

헐
겨우
세살인데
헐ㄹ

내새꾸
천재ㅠㅠ

전송

어떡하지?
나 너무 행복하뮤ㅠ

내 새끼!
어화둥둥 내 사도세자!

#소학_父母呼我唯而趨進

사랑해!

헐
힘하서.

구토효도,
끝.

정사 正史

- 영조, 백성들을 괴롭히던 무거운 군포를 개혁하다.
- 영조, 오래도록 후계자를 얻지 못하다. 그러던 차에 후궁 영빈 이씨가 아들을 낳다. 이름을 '이 선'이라 짓고 태어나자마자 원자로 봉하다. 이 아기가 사도세자.
- 사도세자, 매우 총명하여 겨우 두 살에 한자를 읽다. 천지를 뜻하는 괘가 그려진 과자는 먹지 않고, '복', '장수'와 같은 글이 쓰인 과자만 먹다.
- 사도세자, 영조에게 극진히 효도하다. 세 살에 효도를 기리는 시를 써 영조에게 바치다.
- 사도세자, 밥을 먹던 중에 영조가 부르자 입에 있던 음식을 뱉고 대답 하다.
- 영조, 이런 사도세자에게 매우 기대가 커 겨우 생후 15개월인 세자에 게 글공부를 시키다.

픽션

- 요즘 먹는 것과 같은 딸기는 나중에야 들어왔다.

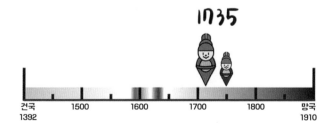

1735

건국
1392   1500   1600   1700   1800   망국
                                         1910

사도세자의 형, 그리고 정조의 양아버지 효장세자

영조는 아직 연잉군이던 25세 때, 궁녀 출신인 정빈 이씨와의 사이에서 첫 아들을 얻었으니 그가 효장세자였다. 어릴 때의 이름은 만복萬福이라고 했다. 만 가지 복을 누리라는 뜻을 담아 지은 이름으로 오죽 사랑스러웠으면 이런 이름을 붙였을까 싶다. 숙종에게는 그가 살아생전 만나볼 수 있었던 유일한 친손자였으며 경종 때에도 유일한 친가 쪽 남자 조카였으니 몹시 귀중한 존재였을 것이다. 경종이 즉위하고 아버지가 왕세제가 되며 당연히 다음 후계자로 점지되었지만 정빈이 갑자기 병으로 세상을 떠나 세 살에 어머니를 잃었다. 영조가 왕으로 즉위하자 경의군으로 봉해졌고, 1725년(영조 1)에는 세자로 책봉되었으며 혼례도 올렸으나 겨우 열 살의 어린 나이에 요절하고 만다.

영조는 바로 곁에서 아들의 임종을 지켜보았고 직접 아들의 비문과 제문, 연보를 쓰며 슬퍼했다. 효장세자가 죽은 지 1년 뒤에 "나라 다스릴 용모는 한 꿈이 되어버렸네. 내 마음이 갈라지는 듯하니 어떻게 견디란 말인가"라는 시를 지으며 죽은 아들을 그리워했다. 특히나 왕가의 대를 이어야만 하는 처지에 외아들인 효장세자를 잃었으니 영조는 신하들에게 "삼종三宗의 혈맥을 생각하느라 마음이 불편하다"고 말하기도 했다.

효장세자가 죽었을 때 영조의 나이는 서른다섯 살로, 그때 기준으로는 할아버지가 되어도 이상하지 않은 나이였다. 이후로도 아들 없이 계속 딸만 태어나자 영조뿐만 아니라 온 나라가 후계자 문제로 걱정을 하기 시작했으며, 신하들은 유교국의 체면도 버리고 아들을 낳게 해준다는 고매高禖라는 신에게 기도하거나 유명한 산에서 제사를 올리자는 간청까지 하기에 이른다. 그러다가 7년 뒤에 간신히 사도세자가 태어난다.

그래서 효장세자와 사도세자는 열일곱 살이나 나이 차이가 나고 어머니도 다른 데다 무엇보다 살아서 서로 만난 적이 없는 사이였다. 만약 효장세자가 일찍 죽지 않고 무사히 어른이 되었다면 영조는 좀 덜 신경질적이 되었고 사도세자도 늦둥이로 사랑받으면서 좀 더 편하게 살았을지도 모른다. 하지만 일은 그렇게 흘러가지 않았고 임오화변이 벌어지며 사도세자는 종묘의 죄인이 되어 뒤주에 갇혀 죽는다. 동시에 죄인의 가족이 된 혜경궁 홍씨와 세손(훗날의 정조)도 잠시 동안이나마 서인 신분으로 떨어지게 된다. 그렇지만 영조는 단 하나뿐인 적통 손자, 그것도 엄청나게 유능한 왕의 소질을 보인 세손의 신분을 되돌렸는데 이때 세손을 이미 죽은 효장세자의 양자로 만들었다. 효장세자의 아내였던 효순왕후도 세상을 떠난 뒤였기에 정조는 이미 세상을 떠난 양부모의 자식이 되는 기묘한 처지가 된다.

　왜 영조는 정조의 족보를 바꿨을까? 정조가 그대로 '사도세자의 아들'로 남아 있으면 영조가 세상을 떠난 뒤 "감히 죄인의 자식을 왕으로 올릴 수 없다"는 등 즉위 문제가 벌어질 수 있었기 때문이었다. 그래서 효장세자에게 특별히 '정통성을 계승한다'는 뜻의 승통承統이라는 호칭을 붙였다. 다른 한편으로 이 조치는 정조와 사도세자의 인연을 끊어 아버지의 복수를 하지 않게 하려는 것이기도 했다.

　이후 영조는 세상을 떠나면서 정조에게 '아버지' 효장세자를 왕으로 추증하라는 부탁을 했고 정조는 할아버지의 뜻에 따라 큰아버지 효장세자를 진종眞宗으로 올리고 무덤도 왕릉으로 개장했다. 열 살에 죽은 어린 세자가 양자로 삼은 조카 덕분에 임금이 되고 대접받게 된 것인데, 어린 나이에 왕도 되지 못하고 후계자도 없이 죽었건만 왕호를 받은 경우는 효장세자가 처음이었다. 이 모든 조치는 손자 정조를 위한 것이기도 했지만 열 살이라는 너무 어린 나이에 죽은 효장세자를 챙겨주고 싶었던 영조의 마음일지도 모르겠다.

07 팅팅↗ 탱탱↘ 탕평책 실시

영조	앉아! 손!
소론	으르르르르
노론	왈왈왈

하나요 치고받고

1700년대,
조선.

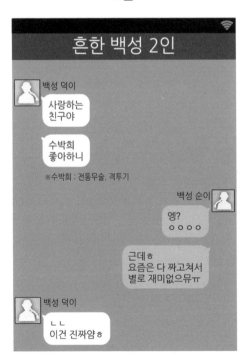

흔한 백성 2인

백성 덕이
사랑하는
친구야

수박희
좋아하니

※수박희 : 전통무술. 격투기

백성 순이
엥?
ㅇㅇㅇㅇ

근데ㅎ
요즘은 다 짜고쳐서
별로 재미없으뮤ㅠ

백성 덕이
ㄴㄴ
이건 진짜얌ㅎ

조선왕조실톡

둘이요

화해해

격할 대로
격해진 #당파싸움.

바른 논쟁은 사라지고,
서로 죽고 죽일 지경이었다.

[노론 vs 소론]어전회의중 격한 몸싸움

봉선아씨
붕당★빅매치!
경복궁 근정전아레나에서 보내드립니다.

싸우지좀마
ㅋㅋㅋㅋㅋㅋㅋㅌㅋㅋㅋㅋㅋ

과거합격
저러라고 녹봉주나 자괴감들어

도탄에 빠진 백성들.
#정치극혐

보다 못한 나,
임금 영조가 직접
해결에 나섰는데.

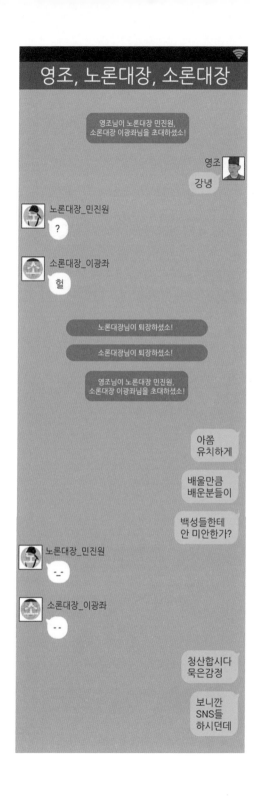

#야이씨

그래도
포기하지 않겠다.

뭔 짓이냐구 저게.
백성들은 굶는데.
으.

#자나깨나 #탕평생각
#잊지말자 #탕탕평평

#영조_먹수다구래문

사장님 여기
탕평닭이랑
천씨씨요.

순살순살.
끝.

실록에 기록된 것

- 서인에서 노론과 소론 갈라져 나오다.
- 소론, 윤증을 따르다. 장희빈의 아들이자 숙종의 세자인 경종을 지지하고 보호하다.
- 노론, 송시열을 따르다. 숙종의 아들이나 세자는 아니었던 연잉군(영조)을 지지하고 보호하다.
- 경종, 일찍 사망하다. 연잉군, 형의 뒤를 이어 영조로 즉위하다.
- 영조, 자신의 적대파였던 소론 끌어안다. 그러나 소론 과격파, 노론과 연잉군이 경종 독살했다며 역모 일으키다(이인좌의 난). 소론 온건파, 충성을 증명하려 난 수습에 총력을 기울였지만 소론, 이 일을 계기로 힘을 잃고 바짝 엎드리게 되다.
- 노론, 소론의 뿌리를 뽑으려 하다. 소론, 나름대로 억울해서 맞서다.
- 영조, 결국 노론대장 민진원과 소론대장 이광좌를 불러놓고 손을 맞잡으며 서로 화해하라고 하다. 그러나 두 대장, 사표를 써 버리다. 영조, 슬퍼하다.

기록에 없는 것

픽션

- 수박에선 손을 주로 쓴다.

영조조~

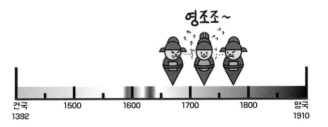

건국
1392   1500   1600   1700   1800   망국
1910

- 일곱 번째 이야기 -

영조의 평생사업

영조는 여든한 살이 되던 1774년(영조 50), 스스로 『어제문업御製問業』을 쓰며 자신의 업적으로 여섯 가지를 들었는데 그중 첫 번째가 탕평이었다. 조선 역사에서 빠지지 않는 것이 지긋지긋한 당파싸움이다. 특히 숙종과 경종 시기에는 그 싸움의 정도가 참으로 지독했다. "더 이상 이래서는 안 된다!"라는 생각은 숙종 즈음부터 나왔고, 영조는 탕평의 기치를 높이든다. 맹자에 나오는 왕도탕탕王道蕩蕩(통치가 평탄하다는 뜻)을 명분으로 영조는 모든 당파들을 두드려 부수고 새로운 정치질서를 세우고자 했다.

하지만 말처럼 쉽지 않았다. 이미 여러 당파들은 갈라진 지 오래되었고 묵은 원한이 차곡차곡 적립되어 그 마일리지가 지구 한 바퀴를 돌 수 있을 정도였다. 그러니 임금이 "당파 없애자!"라고 한들 단번에 먹힐 리 없었다.

그래서 처음의 탕평책은 몹시 소박하다 못해 조잡했다. 먼저 이조전랑의 천거권을 없애 버렸다. 선조 때 처음으로 동인과 서인이 갈라진 이유도 이 천거권 때문이었다. 이조전랑은 그렇게 높은 벼슬은 아니지만 조선의 최고 영예이자 언론의 핵심인 언관을 천거하는 권한을 가지고 있었기에 각 당파는 자기 파벌의 사람을 이조전랑에 앉히기 위해 피 터지게 싸웠다. 그래서 영조는 이조전랑의 천거권을 아예 없애 버렸다. 물론 언관은 뽑아야 하니 이조판서에게 그 일을 맡겼지만 말이다.

그 다음으로 행한 것은 쌍거호대雙擧互對였다. 자리싸움은 당파싸움의 중요한 원인이었고, 좋은 벼슬자리를 어느 파벌이 차지하느냐를 두고 신경전이 끊이지 않았다. 그래서 영조는 한 쌍으로 벼슬을 배치했다. 노론이 판서가 되면 참판은 소론을 시키고, 참의가 소론이 되면 전랑은 노론을 시키는 식이었다. 마지막으로 양치양해兩治兩解가 있었다. 일을 하다가 사고가 나거나 책임을 물어야 할 일이 생기면 노론과 소론에서 각각 뽑아 같이 혼내는 방법이었다.

이런 탕평책은 당파싸움을 한 순간에 없애 버리지 못하고 오히려 당파들의 불만을 부채질했다. 노론은 대놓고 어깃장을 놓았고 소론은 툭하면 반역을 일으켰  다. 그리하여 1740년(영조 16)에 영조는 노론을 중심으로 정계를 개편하고 다음 해에 노론과 소론과 남인 모두에게 반역이 있었다는, 양비론도 아닌 삼비론의 대훈을 내렸다. 그러면서 남인들까지 끌어들여 새로운 탕평을 도모했는데 말은 좋지만 실제로는 노론이 중심이 된 정부였다.

이후로도 탕평은 여기저기 삐걱댔으니 이미 영조 시대부터 많은 비판이 있었다. 1735년(영조 11) 2월, 사도세자가 태어나자 마침내 왕위 계승자가 태어났다는 소식에 조정신료들이 모두 모여들어 영조에게 축하의 말을 건넸다. 그런데 이들 중 박문수가 끼어 있었다. 당파로는 소론이었던 박문수는 영조에게 축하를 하면서도 아주 커다란 가시를 박아 두었다. 왕자가 태어났지만 나라가 화목하지 않다며 탕평책의 미진함을 비꼰 것이다.

"임금님이 늘 탕평이 다 되었다고 하지만 이건 가짜 탕평이거든요?"

평소의 영조 성격이라면 면전에서 쌍욕을 날렸겠지만 아들이 태어나 기분이 몹시 좋았던 영조는 "너희들이 열심히 도와주면 잘될 거야"라며 부드럽게 넘어갔다.

이렇듯 문제도 많고 탈도 많은 탕평이었고 영조 스스로도 그 미진함이 부끄럽다고 밝혔지만 그래도 자신의 첫 번째 업적으로 꼽을 만큼 많은 애착을 보였다. 이전까지의 임금들이 당파를 가라앉히기는커녕 그것을 이용해 먹었던 것에 비하면 영조는 다시 이 나라에 타협과 용서를 가져오려고 노력한 왕이었다. 수십 년 동안 많은 시행착오를 겪고 좌절을 하면서도 굽히지 않고 탕평을 끌고 나간 그 뚝심은 존경할 만한 것이니 그의 첫 번째 업적이 되기에 부족함이 없다 하겠다.

08

알뜰살뜰 영조

영조   아껴야 산다

하나요 **소문난 소금휴먼**

새해가 되면
늘 세우는 계획들.

맘먹은 일들,
잘들 해내고 있는지?

역대급 #검약남,
나 영조가

그대들에게
살림 비법을 전수하겠노라!

하나!
먹는 것 아끼기.

人數多口來門

영조 @pure_0zo

먹지말라. 눈에 양보하라. #굴비
#관상용 #한번보고_밥한그릇

♥ 자린고비님께서 공감하시오!

솔직히 수라상,
1인분 치곤 너무 많잖아?

어차피 내가 아는 그 맛.
과감히 덜 먹어!

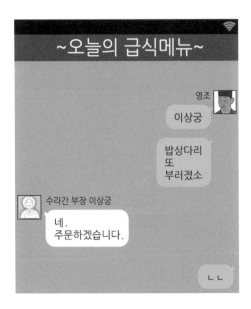

~오늘의 급식메뉴~

영조

이상궁

밥상다리
또
부러졌소

수라간 부장 이상궁
네.
주문하겠습니다.

ㄴㄴ

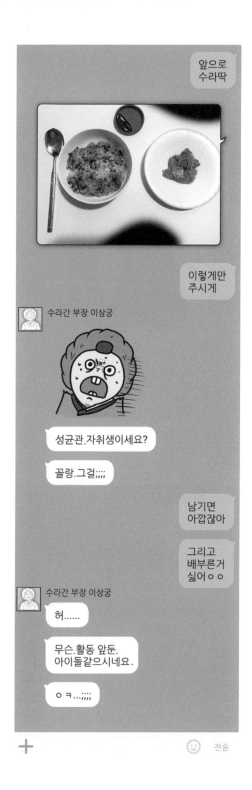

그리고 둘!
소박하게 입기.

요즘 사치스러운
옷이 문제라고 들었다.

특히 #가체 ㅇㅇ
무거워서 여인들
목이 부러질 정도라며?

#ㄴㄴ #금지

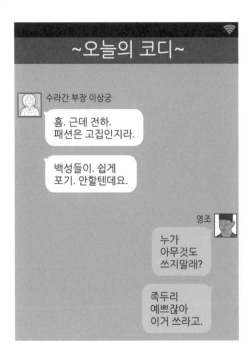

~오늘의 코디~

수라간 부장 이상궁

흠. 근데 전하.
패션은 고집인지라.

백성들이. 쉽게
포기. 안할텐데요.

영조

누가
아무것도
쓰지말래?

족두리
예쁘잖아
이거 쓰라고.

#매너손

"영조, 한겨울에도
값싼 무명 홑옷을 입다."

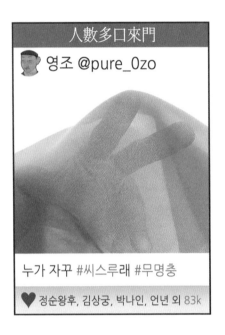

人數多口來門

영조 @pure_0zo

누가 자꾸 #씨스루래 #무명충

♥ 정순왕후, 김상궁, 박나인, 언년 외 83k

"백성들,
검소한 영조를 존경하다."

전하 버선에도
구멍이 뽕뽕.

씨스루 맞네.
끝.

실록에 기록된 것

- 영조, 세자 시절부터 검소한 생활을 하다. 어머니 최씨의 신분이 낮아 그랬던 것이라는 이야기가 있다.
- 영조, 하루 다섯 끼 이상 나오는 수라 횟수를 줄이다. 반찬 또한 고기는 적게, 채소는 많게 하여 간단히 먹다. 현미밥, 김치, 간장만으로 때우기도 했다고.
- 영조, 추운 겨울에도 무명옷을 입다. 솜옷은 사치스럽다며 즐기지 않았다고 한다. 영조, "내 건강의 비결은 검소한 식사와 무명옷 덕분이다"라고 자부하다.
- 말년에 비만으로 고생했던 타 왕들과는 달리, 영조의 어진을 보면 몸매가 젊었을 때와 크게 다르지 않다.
- 영조, 가체를 금지하고 족두리를 쓰라 명하다. 그러나 백성들, 말을 듣지 않다.

기록에 없는 것

픽션

- 감히 임금의 그림, 사진에 손가락을 댈 수 없었다.

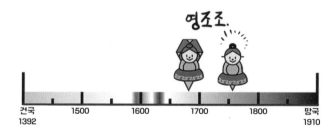

영조조

건국 1392   1500   1600   1700   1800   망국 1910

고추장 혁명

영조는 고추장을 아주 좋아했다. 원래 다섯 번을 먹어야 하는 임금의 수라상 횟수를 줄이고 그나마도 보리밥에 물 말아 먹는 것을 즐겼다. 고기 대신 나물 반찬을 훨씬 좋아했고 민어보다 조기를 즐긴 것을 보면 기름진 음식을 싫어하는 식성이었던 것 같다. 지금 기준으로 보면 녹색 채소, 노 콜레스테롤 식단인데다 소식까지 했으니 무려 83세까지 살았던 장수의 비결이 이 식단 아니었을까.

영조는 왕자 시절과 나이 들어서의 용모가 모두 어진으로 남아 있는 몹시 희귀한 경우인데(왕의 어진이 대부분 한국전쟁 때 모두 불타 버렸기 때문이다) 젊어서나 나이 들어서나 얼굴이 갸름하고 몸이 날씬하다. 신하들이 진귀한 음식을 권하면 "뭐 그렇게까지 먹을 필요 있나"라며 늘 정해진 것 이상을 거두지 못하게 했다고 하니, 먹는 데 별로 관심이 없는 사람이었던 듯하다.

나이가 들자 영조는 밥을 잘 먹지 못했는데, 1768년(영조 44) 74세의 영조는 내의를 만나 네 가지 반찬만 있으면 밥을 잘 먹을 수 있다고 말했다. 그 반찬 중 세 가지가 송이버섯, 복어 회, 어린 꿩이었다. 지금 봐도 귀하고 맛난 음식이니 없던 식욕도 돌 만하다. 그런데 여기에 들어간 마지막 반찬은 앞의 것들과 달리 몹시 소박한 고초장苦椒醬, 즉 고추장이었다.

지금이야 떡볶이 같은 간식이나 비빔밥, 제육볶음 같은 식사용 음식에 가릴 것 없이 쓰이고 이것저것 찍어 먹는 소스 용도로도 쓰이는 등 한식에서 빠지는 곳이 없는 고추장이지만 의외로 우리가 고추장을 먹기 시작한 지는 생각만큼 오래되지 않았다. 왜냐하면 조선 중기만 해도 고추라는 식물은 이 땅에 없었기 때문이다. 고추가 없으니 당연히 고추장도 없고 김치도 빨간색이 아니었으며 생선회는 겨자에 찍어 먹었다. 그러다가 임진왜란을 즈음해서 고추가 우리나라로 전해지게 되니 남쪽의 오랑캐들이 전해준 식물이라고 하여 남만초南蠻草라고 했다.

이 빨갛고 길쭉하면서 쨍하게 매운 맛을 가진 향신료는 불과 백여 년 만에 조선인의 입맛을 사로잡아 버렸고 음식의 대혁명을 불러일으켰다. 경종 때 만들어진 요리책에는 아예 고추가 다뤄지지 않지만 숙종 때 만들어진 『산림경제』라는 책에는 고추장이 언급되고 있다. 처음 이름은 만초장蠻草醬, 즉 남쪽의 풀을 써서 만든 장이라는 뜻이다. 그러다가 매운 맛이 괴롭다 하여 고苦 자를 넣어 고초장이라는 이름이 되었다.

고추장을 만들기 위해서는 메주를 베이스로 발효를 시킨 뒤 물을 부어 묵혀야 한다. 이 물은 간장이 되고 남은 메주를 빻으면 된장이 된다. 여기에다가 쌀가루와 고춧가루를 넣으면 고추장이 된다. 말은 쉽지만 고추장을 맛있게 만드는 일은 아주 어려운 일이다. 입 짧은 영조가 좋아하는 반찬이다 보니 내의원에서는 늘 고추장을 올리느라 분주했는데 정작 영조가 가장 좋아했던 것은 남의 집에서 담근 고추장이었다.

궁중에서 임금님을 위해 만드는 고추장이었으니 얼마나 좋은 재료를 쓰고 정성을 다해 담았겠는가? 당연히 맛도 좋았을 것이다. 그런데도 영조는 그런 궁중의 고추장보다도 신하네 집 고추장을 좋아해 틈만 나면 얻어먹었던 것 같다. 유난히 영조가 좋아했던 고추장은 조종부라는 사람의 집에서 담근 고추장으로, 훗날 조종부가 죽은 뒤에도 영조는 그의 고추장을 떠올리면서 "궁궐의 고추장이 그것만 못하다"라고 말했을 만큼 각별히 선호했다. 대체 어떻게 만든 고추장이었기에 임금의 입맛을 이토록이나 사로잡았는지 궁금해지면서도 조종부의 본관이 순창이란 것을 생각하면 수수께끼가 풀리는 듯도 하다.

09

가마솥에 삶아 죽여라!

잔혹하단 이유로
곤장마저 살살 때린 조선 말.

하지만
#끔찍한 형벌이 하나
남아 있었으니.

 영조   3분 쿠킹♥

 탐관오리   (죽은척)

종로 거리 한복판,

구름떼 같은 구경꾼이
거대한 솥 하나를 둘러쌌다.

♬(편안)♬

?

#조리끝

고약한 탐관오리를
벌할 때 행했던 '팽형'.

진짜 죽이진 않고,
척만 한 뒤 꺼내주었다.

하지만
죄인은 가마솥에서
나온 순간부터 '죽은 사람'.

자기 장례식까지
치러야 했는데.

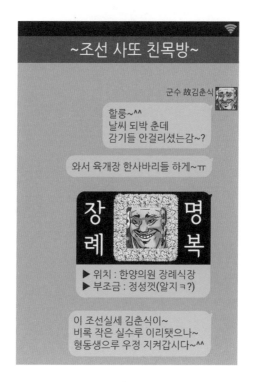

~조선 사또 친목방~

군수 故김춘식

할롱~^^
날씨 되박 춘데
감기들 안걸리셨는감~?

와서 육개장 한사바리들 하게~ㅠ

장
례   명
복

▶ 위치 : 한양의원 장례식장
▶ 부조금 : 정성껏(알지ㅋ?)

이 조선실세 김춘식이~
비록 작은 실수루 이리됐으나~
형동생으루 우정 지켜갑시다~^^

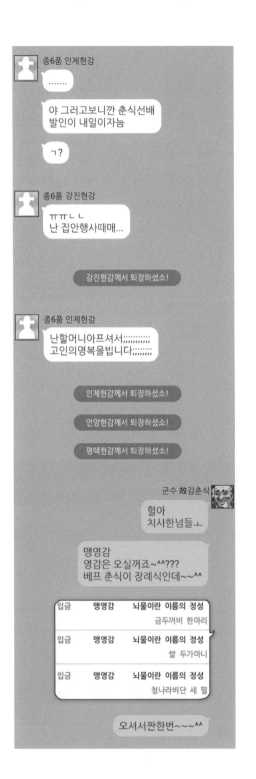

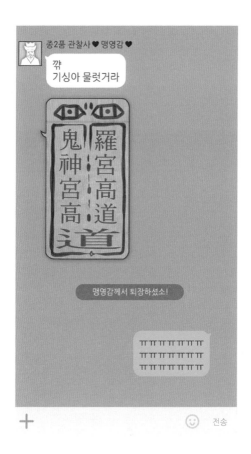

가문의 수치

사회적으로
매장당한 김춘식 씨.

故김춘식님

^^b 여보 내가 이젠 잘할게~

세상 드럽고 치사하다며,

생전 챙기지도 않던
가족들에게도 앵겨보는데.

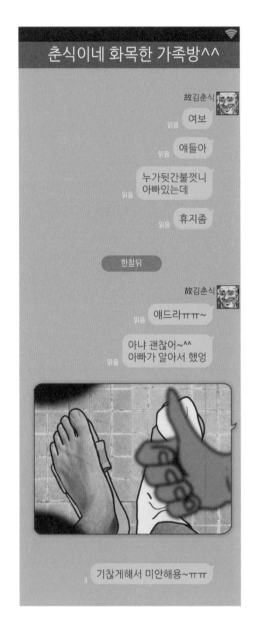

(-_-#

#밖에서도_집에서도
#팽당하다
#넌_이미_죽어_있다

올ㅋ
좋은데?

요즘 뉴스 보니깐
가마솥 들어갈 사람
꽤 있던데ㅋㅋㅋ

실록에 기록된 것

- 인조 10년, 전(前) 참봉 이정양(李廷揚)과 전 만호(萬戶) 이정현(李廷顯) 등이 상소하기를, "고을에 도착해서 일을 태만하게 하는 이는, 무거울 경우 궐문 밖에서 팽형(烹刑)에 처하고, 가벼울 경우 종신토록 금고(禁錮)하소서." - 『승정원일기』
- 팽형은 중국의 옛 이야기. 조선 사람들, 나쁜 관리를 삶아서 죽인 팽형 이야기를 언급하며 교훈으로 삼다.
- 영조, 비리 사건이 터지자 당장 거대한 가마솥을 만들어 종로에 갖다 놓으라고 명하다.
- 탐관오리 자손은 3대가 과거시험을 볼 수 없었다. 가문을 망친 셈.

※가마솥 사진 출처 – 국립민속박물관 소장품 검색.

픽션

기록에 없는 것

- 장례식은 집에서 했다.

조선말.

건국
1392

1500

1600

1700

1800

망국
1910

- 아홉 번째 이야기 -
억울함을 푸는 어사우

"금잔의 좋은 술은 만백성의 피요, 옥쟁반의 기름진 안주는 만백성의 기름을 짠 것이다. 촛농 떨어질 때 백성의 눈물이 떨어지고, 노랫소리 높은 곳에 원망소리 드높다."

『춘향전』에 나오는 유명한 노래다. 예나 지금이나 부정부패는 나라를 좀먹는다. 자기 배만 채우면 그만인 탐관오리들 때문에 백성들은 고통을 받고 잘못된 행정 조치가 시행되니, 예전부터 나라는 이런 부정한 관리들을 잡기 위한 조치에 심혈을 기울였다. 그 수단 중 하나가 암행어사였다.

암행어사로 이름을 떨친 박문수 이야기나 『춘향전』을 보면 암행어사는 거지꼴로 돌아다니다가 결정적인 순간에 마패를 드러내며 "암행어사 출도야!"라고 외치고, 그 외침에 탐관오리가 겁을 먹고 도망치며 난리가 나는 상황을 보며 구경꾼들은 카타르시스를 느낀다. 이는 어느 정도는 사실이지만 또 과장이 되기도 했다.

어사는 어디까지나 법과 절차에 따라 탐관오리를 벌해야 했다. 어사는 1단계로 부정부패를 적발하고, 2단계로 관아의 창고를 봉하는 봉고를 행한다. 3단계로 임금 및 서울에 사정을 보고하는 서계를 올린 다음, 마지막으로 죄가 확인되면 파직을 하는 총 4단계를 거쳐야 했다. 이 중에서도 가장 중요한 것은 탐관오리가 부정부패를 저질렀다는 증거, 곧 문서였다. 3단계에서 서계를 올릴 때는 반드시 증거도 첨부되어 있어야 했는데 여기에는 수령의 도장도 찍혀 있어야 했고 출도 전에 만들어진 것이어야 효력이 있었다. 그냥 소문만 듣고 내키는 대로 출도할 수는 없다는 것이다.

가장 유명한 암행어사는 영조 시대 박문수이지만, 사실 그가 어사 일을 한 것은 1년 남짓의 짧은 기간이었다. 원래 소론 출신이던 그는 영조가 즉위하고 나서 관직을 잃었다가 탕평책 덕분에 다시 등용이 되었고, 1727년(영조 3) 너무 젊고 경험이 부족하다는 우려에도 불구하고 같은 소론인 좌의정 조태억의 추천으로 별건어사로 임명되어 호남에 파견되었다. 이때 매우 눈부신 활약을 벌이며 지방의 내역을 조목조목 조사해서 올렸고, 덕분에 암행어사의 전설이 되었다. 그 외에도 정약용이나 박규수 등 이름난 사람들도 한 번씩 암행어사 자리를 거쳐 갔다.

암행어사 일은 몹시 힘들고 고되었는데, 한 고을만이 아닌 한 행정 구역을 커버해야 했고 암행어사의 소문이 퍼지기 전에 모든 곳을 감찰해야 하다 보니 잠시도 쉴 틈이 없었다. 가짜 어사로 오인받아 고초를 겪기도 하고 탐관오리들에게 목숨의 위협을 받기도 했다. 물론 개중에는 나쁜 암행어사도 있어서 일을 태만히 하며 출도를 한 번도 하지 않고 돌아오거나 지방의 관리들에게 뇌물을 받기도 하고, 임무 도중 기생과 사랑에 빠지는 등 천태만상이 벌어지기도 했다. 그래도 암행어사는 탐관오리를 찾아내고 잘못을 바로잡는 상징으로 백성들에게는 희망의 빛이었다.

당나라 시대의 안진경이라는 사람이 하롱이라는 지역에 갔는데 마침 심한 가뭄이 들고 억울한 옥사가 있었다. 안진경이 이 일을 해결하자마자 비가 내려 사람들이 이를 어사우御史雨라고 불렀다고 한다. 조선에서도 어사우가 있었다. 1757년(영조 33) 가뭄이 심하게 들어 두 번이나 기우제를 지냈는데도 비가 오질 않았고, 영조는 가벼운 죄를 저지른 사람들을 사면하고 암행어사 홍양한, 남태저를 파견했다. 그런데 어사를 파견한 날과 그들이 돌아와 임금에게 보고를 올린 날 비가 내렸다고 한다. 당시 사람들은 백성들의 원한을 풀어주자 하늘이 감동했다고 생각했다. 암행어사에게 비를 내리게 하는 신통력이 있을 리는 만무하지만 바짝 마른 백성들의 마음에 한 줄기 희망의 비를 내려주게 하는 일은 가능했으니, 이것이 바로 암행어사가 아직까지도 인기 있는 이유일 것이다. 조선왕조실록

10 밖에선 성군, 집에선 폭군

영조	내가뭐	
사도세자	힘들어	

하나요 소통왕

우리 아바마마는
훌륭한 사람입니다.

[직캠] 영조전하, 백성에게 러브콜 "이리와" [감동]

주상전하 : 궁궐 앞에서 기다리겠노라.
힘든 일이 있거든 언제든 말하라♡

아주아주 착하신
분이십니다.

착해야되

사도
아바마마
저에 눈이 아픕니다.

📞 통화가 실패했소이다.

📞 통화가 실패했소이다.

아바마마
바쁨
나중에

다음날

아바마마
숙제
왜 두장
빼먹었어

사도
저에 눈이 아픕니다.

아바마마
저에x 저의o

거짓말하면
혼난댔어

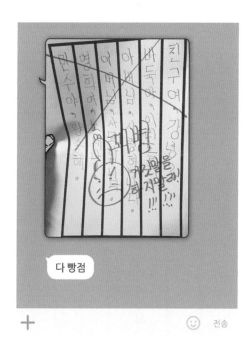

다 빵점

또 아바마마는
맨날 사랑해 주십니다.

둘이요

차별 금지

양반도 노비도
똑같이 귀여워해 주시는데요.

아바마마

너
몇살이야

사도

6살 입니다.

아바마마

근데
아직도
틀릴게 있어?

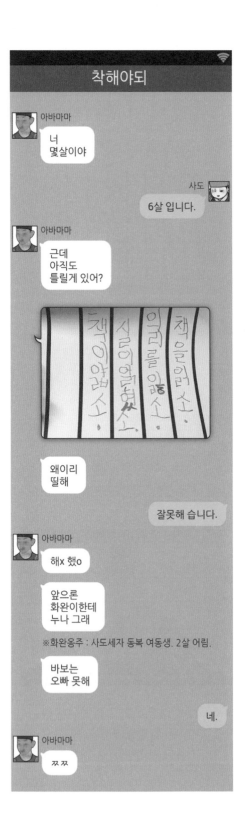

왜이리
띨해

잘못해 습니다.

아바마마

해x 했o

앞으론
화완이한테
누나 그래

※화완옹주 : 사도세자 동복 여동생. 2살 어림.

바보는
오빠 못해

네.

아바마마

쯧쯧

그리고
아바마마는 또……

……

....

....

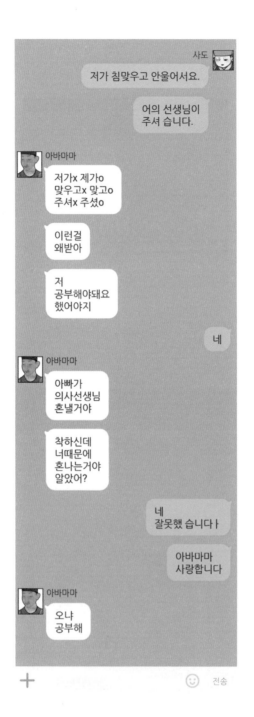

[직캠] "백성에게 인권을" 가혹한 형벌금지 [종지부]

꽃*님
와...성군이셔
👍17 👎1

행복한선*비
이렇게 착하시면 어떡해요ㅠㅠㅠ
👍35 👎1

복개몽*고
크으 자랑스러워 태평성대뽕찬다
👍17 👎1

영조사**랑
감사합니다♥♥사모합니다♥♥♥
👍62 👎1

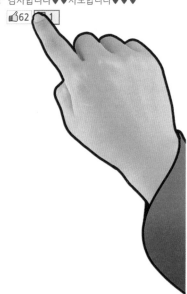

왜
애기저하한테만ㅠ

끝.

실록에 기록된 것

- 영조, 나이 마흔이 넘어 사도세자를 얻다. 매우 사랑하다.
- 사도세자, 두 살도 되기 전에 글자를 읽어 영조, 영재교육을 시키다. 엄마 영빈 이씨와 떨어뜨려 키우다. 어린 사도, 엄마를 일주일에 두어 번밖에 보지 못하다.
- 영조, 최초로 대국민 간담회를 열다. 균역법, 청계천 정비공사 등 다양한 국가사업을 직접 설명하고 백성들의 의견을 듣다. 횟수만 수십 차례.
- 영조, 사도세자가 몸이 아파 공부를 미처 못 했다고 하자 변명하지 말라고 하다.
- 영조, 서얼 차별을 금하다.
- 영조, 자식들을 차별 대우하다. 화협옹주와 사도세자를 지극히 미워하다. 반면 화완옹주는 아플 때 일도 때려치고 병문안을 갈 정도로 아끼다.
- 영조, 곤장과 주리를 뺀 모든 고문을 금하다.
- 사도세자, 어의에게서 장난감(遊龍木)을 받다. 영조, 매우 혼내다. 사도세자, 아버지를 두려워하다.

기록에 없는 것 / 픽션

- PVC 재질 장난감 칼은 없었다.

1735~

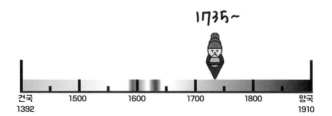

건국
1392   1500   1600   1700   1800   망국
                                    1910

- 열 번째 이야기 -

다시 하나가 되는 조선

영조는 조선 임금들 중 가장 장수했고 또한 가장 오랫동안 왕위를 지켰다. 형 경종에게 왕위를 물려받아 서른한 살에 즉위했지만 오래 살았던 덕분에 자그마치 52년 동안 왕으로 지냈다.

중간에 사도세자가 대리청정을 했고(영조에게 조이고 야단 맞느라 잘하진 못했지만) 영조가 여든이 넘은 이후로는 세 손 정조가 나랏일을 도맡다시피 했으니 실제로 통치한 기간은 그렇게까지 길지 않지만, 그래도 엄청나게 긴 통치 기간이었다. 이럴 때 가장 큰 장점이자 단점은 통치자가 의지만 있다면 자신의 생각을 쭈우우욱 밀고 나갈 수 있다는 것이다.

더군다나 그의 긴 수명만큼이나 질긴 옹고집, 아니 강력한 의지를 가졌던 영조는 일평생 정치싸움에 시달리고 좌절도 겪었지만 당파 사이에 균형을 가져오자는 탕평의 기치를 놓지 않았다. 비록 많은 현실적 한계에 부딪혔고 실책도 있었지만 그래도 임금이 정치적 정쟁을 억누르려고 하니 그 전까지 드잡이질로 소모되던 엄청난 에너지가 절약되었고, 절약한 에너지는 나라를 다스리는 데 쓰였다. 그래서 영조 때는 전 임금 시기와 달리 나라의 제도를 정비하고 기틀을 갖출 수 있었다.

영조 시대의 주요한 업적으로 『속대전』의 정리가 있다. 성종 때 만든 『경국대전』은 이미 수백 년 전의 책이었으므로 달라진 사정이나 형편을 반영하는 대대적인 업데이트가 필요했다. 그동안 당파싸움이 과열되어 하지 못하고 있었던 일을 영조 시대에 해낼 수 있었다.

한편 영조 때의 또 다른 대표적인 정책으로는 화려한 가체와 의복을 비롯한 사치 금지, 잔인한 형벌 금지, 서얼들이 과거시험을 보고 벼슬을 할 수 있도록 한 새 제도, 술을 마시지 못하게 한 금주령 등이 있다.

지금 기준으로 보면 좋은 정책도 있지만 어떤 정책은 개인의 자유를 억압하는 것으로 보이기도 한다. 그러나 이것이 수백 년 전의 것임을 감안하자. 당시 양반들은 천민들을 때리거나 심지어 죽여도 웬만하면 크게 처벌을 받지 않았고, 그래서 마음대로 천민들을 괴롭힐 수 있었으니 이것을 사형私刑이라고 했다. 영조는 이것을 금지했다. 이는 백성들의 생명을 소중하게 여긴다는 뜻인 동시에 국가가 개인의 자유를 통제하게 되었다는 뜻이기도 했다.

자유란 무엇인가. 바라는 대로 행동할 수 있는 것이다. 원하는 일을 하거나 가고 싶은 곳에 가는 것도 자유이지만, 동시에 남을 때리거나 죽이는 것, 남의 물건을 함부로 빼앗는 것도 자유에 포함될 수 있다. 재산을 낭비하거나 술독에 빠져 몸을 망치는 것도 자유에 포함될 수 있다. 이처럼 모든 자유를 허락한다면 사회는 엉망진창이 되어 버린다. 국가, 그리고 사회는 바로 이런 문제를 해결해 모든 사람이 최대한 행복하게 살 수 있게 만들기 위해 있는 것이다.

그런 의미에서 영조의 정책들은 개인이 개인에게 행사하는 폭력을 금지하고, 개인의 지나친 낭비를 막아 가진 자와 가지지 못한 사람 사이의 차이를 줄였다. 서얼도 벼슬을 할 수 있게 하여 각 계층의 불만도 줄였다. 한 계층의 자유를 통제함으로써 더 많은 사람들의 행복과 자유가 마련되었다. 영조는 자신이 왕으로 있는 오랜 시간 동안 당파싸움과 신분 차이, 빈부격차로 인해 조각조각 나뉘어 싸우고 있던 조선이 하나로 합쳐질 수 있게끔 여러 방향에서 여러 방법을 끈질기게 도모한 것이다.

물론 영조의 정책에는 많은 한계와 부작용도 있었다. 하지만 더 이상의 분열과 싸움을 막겠다는 의지를 50년 넘도록 뚝심 있게 실행해 냈다는 것만으로도 대단한 일이었으며 그 전까지의 왕들이 이루어 내지 못한 일에 성공한 것은 영조의 분명한 업적이었다. 당파싸움에 빠져 정치적 적수를 쳐내는 데 정신이 팔렸던 조선이 드디어 나라로서의 역할에 집중하며 좀 더 나은 세상으로 발전해 가려고 하게 된 것이다. 조선왕조실록

사도세자	얍얍
혜경궁 홍씨	^^

하나요
다 같은 세자네

세자世子는
왕은 아니지만
#조선 #2인자.

#문종께서는 세자 시절
측우기를 만드셨다.

#광해군?
겨우 열일곱 살에
임진왜란을 수습했다.

**어……
우리 신랑은.**

[혜경궁 홍씨]
사도세자 아내.
정조맘.

내이버 | 사도세자 | ▼ | 검색

연관검색어 불쌍 뒤주 영조 임오화변 부채 오줌 정조

Q. 사도세자 업적이 뭔가요

질문자 : qorhvmek

뭐 하나라도 있나요...ㅎ

Ⓐ 답변 : 하나잇죠

답변자 : clzlsajrrhtlvek

뒤주=쌀통 이라는점을 알려주신
부분입니다...,,

그분이 아니엇으면...,.우리는 지금 까지도
"뒤주"가 쌀통인주...,.,,,몰랏 겟지요....ㅠ

야아······.

둘이요

힘센아이

안다.
그이가······ 좀······.
#할말하않

그래도
어릴 땐 착했다.

난 열 살에 시집왔는데,
한껏 겁먹은 나를
남편이 꽤 챙겨줬어.

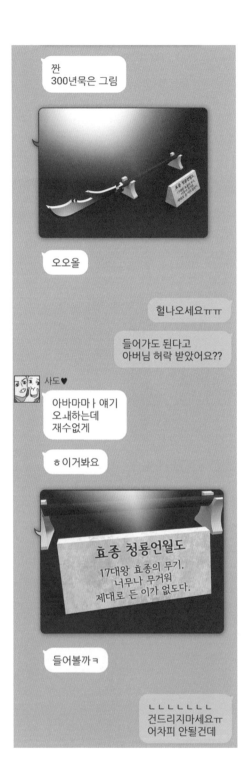

"효종이 환생했다!"

그 일 덕분일까?
부쩍 자신감이 늘었더라구?

셋이요
무예빠

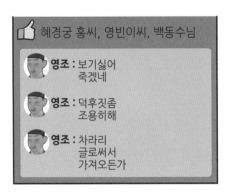

그리고 1751년,
나와 그이가 열일곱 살 되던 해.

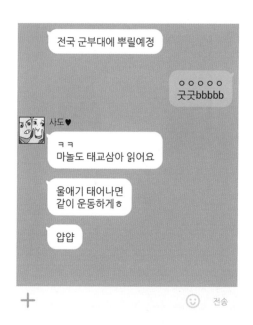

전국 군부대에 뿌릴예정

○○○○○
굿굿bbbbb

사도 ♥

ㅋㅋ
마놀도 태교삼아 읽어요

울애기 태어나면
같이 운동하게ㅎ

얍얍

『무예신보』

조선 무예 교과서.
열여덟 가지 무술을 정리했다.
임진왜란 이후 160년 만에 나온 무예 책.

정조, 아빠가 남긴 이 책에
살 좀 더 붙여 확장판 내놓다.
#베스트셀러 #무예도보통지

사도세자
예체능이었네.

아빠가 억지로
인문계에 집어넣은 건가.

- 임진왜란 때 고전한 조선, 전투 능력을 기르고자 최초의 조선 무예서 『무예제보』 만들다.
- 사도세자, 무술에 큰 재능 보이다. 15세에 효종이 쓰던 청룡언월도를 자유자재로 휘둘렀다고.
- 사도세자, 영조의 명으로 『무예신보』 만들다. 18종의 무술 정리하다. 한국 무협에서 십팔기, 십팔기 하는 게 이것. 지역마다, 심지어 군부대마다 달랐던 무예 교육 체계를 통일하다.
- 그러나 영조, 사도세자가 무술에 관심 갖는 것을 마땅찮아 하다. 사도가 칼놀이를 하는 것을 보고 노발대발하고, 사도가 "학문을 닦은 왕을 존경한다"라고 하자 "거짓말 마라. 너는 무예를 숭상하니 힘으로 권력을 얻은 왕을 좋아할 것이다"라며 면박 주다.

- 혜경궁은 세자빈 시절 이후에 붙은 호칭이다.

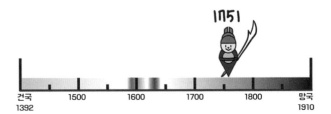

1751

건국 1392 · 1500 · 1600 · 1700 · 1800 · 망국 1910

무술을 배워봅시다

원래 조선 왕가는 무武로 일어난 집안이었다. 함경도 촌구석에서 곰 잡고 노루 잡으며 뛰어다니던 체육계 집안이 세운 나라. 왜구 잡는 신궁이었던 태조를 비롯하여 정종, 태종에 이르기까지 책상에 앉아 글 쓰는 것보다는 밖에서 몸 쓰고 무기 다루는 것이 훨씬 익숙한 임금들이었다. 그러나 세월이 흐르면서 차츰 조선은 문文의 나라가 되었고 왕들은 궁궐에 착 붙어서 살게 되었다.

그러다 보니 국가적으로 '무'를 우습게 보고 '문'만 높이 치게 되었다. 그런데 국가적 스케일에서 '무'란 칼 쓰고 주먹 쓰는 것뿐 아니라 성채 건설, 전술과 신무기 개발 등 나라를 지키기 위한 국방 그 자체를 뜻하는 법. 이를 등한시했던 조선은 임진왜란, 병자호란을 맞아 크게 깨지면서 망신을 당해야 했다.

그래서 유성룡이 주축이 되어 '훈련도감'을 세웠으며, 선조와 영조 때 간간히 병서들이 만들어졌다. 효종은 특히 북벌론을 밀고 나가며 청나라의 러시아 정벌에 군대를 파견하기도 했다. 그러나 여전히 조선은 '문'의 나라였고, 수백 년 간 계속된 정치적 혼란 때문에 국방에 신경 쓸 겨를도 없어졌다.

정조는 왕명을 내려 선조, 영조 때의 병서들을 정리하고 보완한 책을 만들게 했다. 군사들이 보고 따라하며 훈련하고, 실제 전투가 벌어졌을 때 써먹을 수 있게 하기 위해서였다. 정리하자 병서에는 총 스물네 종류의 무술과 전법이 실렸다. 찌르는 무기로는 장창長槍, 죽장창竹長槍, 쌍수도雙手刀, 예도銳刀, 왜검倭劍이 있고 제독검提督劍, 본국검本國劍, 쌍검雙劍, 마상쌍검馬上雙劍, 여기에 권법이나 곤봉 쓰는 법까지 정리되었다.

이 책의 원래 이름은 『어정무예도보통지御定武藝圖譜通志』로, 임금이 직접 참여했다는 '어정'이라는 말 뜻대로 정조는 직접 이 책의 서문까지 썼다. 조선에서는 왜 다들 활만 중요하게 여기냐며 비판하고, 다른 무술도 많이 있다는 것을 강조하면서 "이 책만 열어 보면 누구나 무술을 익힐 수 있다"며 자신했다.

이 책에는 조선에서 쓰이는 본국검법이나 활, 기마술, 조총 사격 외에도 중국, 일본의 전법들도 정리했으니 적을 알고 나를 알면 싸우기 좋다는 이유에서였고 따라서 동아시아 무술들을 총집합한 백과사전이었다.

이 책의 제작에 참여한 사람들의 면면을 보면 아주 쟁쟁하다. 규장각의 검서관으로 일했던, 역사에도 이름을 남긴 이덕무와 박제가가 내용을 정리했고, 당시 조선에서 손꼽히는 무인이었던 백동수가 각종 무예의 시범을 보였다. 사실 이 책의 제작에는 혈연과 지연이 몹시 진하게 얽혀 있었다. 원래부터 같은 백탑파의 사람으로 친했던 이덕무와 박제가는 말할 필요도 없고, 백동수는 이덕무의 처남이었으며 이 책의 삽화를 그렸던 화공들도 원래부터 잘 아는 사이였다.

마침내 『무예도보통지』가 정리된 것이 1790년(정조 14). 1년 뒤에는 한글로 쓰인 언해본까지 출간되어 한자를 모르는 사람도 읽을 수 있게 했다. 이 책은 아예 글자를 모르는 사람이라도 그림을 보면 내용을 어느 정도 알 수 있을 정도로 상세한 삽화가 들어가 있다. 원래도 군사책의 경우 무기나 전법을 설명하기 위해 가끔 그림을 삽입하지만, 『무예도보통지』는 특별히 자세해서 무기를 들고 한 합 한 합 움직이는 동작들을 하나하나 그려 내어 오래된 영화의 필름을 한 컷 한 컷 들여다보는 듯한 느낌마저 든다.

이런 것을 만들고자 하면 사진기가 있는 것도 아니고 동영상을 찍을 수 있는 기계도 없던 시기이니 그림으로 하나하나 그려 남기는 수밖에 없었는데, 때문에 시범자는 보고 그릴 수 있도록 같은 무술 동작들을 몇 백 번이고 반복해야 했으며, 화공들은 그것을 매의 눈으로 관찰해 그려야 했다. 그런 노력 덕분에 『무예도보통지』를 펼쳐 보면 물 흐르듯이 한 동작 한 동작이 정성스럽게 묘사되어, 얼추 보며 따라서 몸을 움직일 수 있다. 한자나 무예를 몰라도 그림을 보며 흉내 낼 수 있으니, 이것이 바로 조선의 백성들이 무예를 익혀 날쌘 짐승처럼 되기를 바라던 정조의 의도이리라.

조선왕조실록

있잖아.
나 궁금한 거 있어.

애기 태어나면,
아빠들 진짜 애기 사진으로
프사, 탐라 도배해?

와……

—
탕평

영조

노잼시기 / 사는 낙이 필요함……

부럽다……
울 아바마마만 안 그랬대ㅠㅠ

혜순대비(영조계모), 아드님 영조

혜순대비(영조계모)

주상
프사가 휑합니다

화협이
돌사진이라도
걸지않구요

아드님 영조

ㄴㄴ
걔랑
안친해서요.

애가
띨띨합니다

남의 집 애들은
중국어대회에서
상도 타오고
축구 국가대표도 하고
그런다는데

멍게
소리…

주상ㅇ
옹주 고작
두살입니다

아니
허참

이해가 안 가네
지 새끼가 왜 밉지

＋   ☺ 전송

둘이요

화협옹주

난
영조대왕의
넷째 딸, #화협옹주.

아, 아니다.
동생이 많이 유명하니깐······.

#사도세자 #친누나
라고 하면 더 쉬울까ㅎㅎ?

來利報 화협옹주 ▣▾ 검색

연관검색어 영조 넷째딸 옹주 효장세자 여동생

화협옹주 정치인

출생 한양

소속 조선 왕실

가족 부 영조
모 영빈이씨
오빠 효장세자
(사망)
동생 사도세자

걔 누나 있는 거 몰랐지?

응응.
엄마까지 같아.
#ㄹㅇ #호적메이트.
나이도 딱 두 살 차이ㅎㅎ

근데ㅠ
그래서 그런가?

나, 동생이랑 팔자가
좀 비슷한 거 같아…….

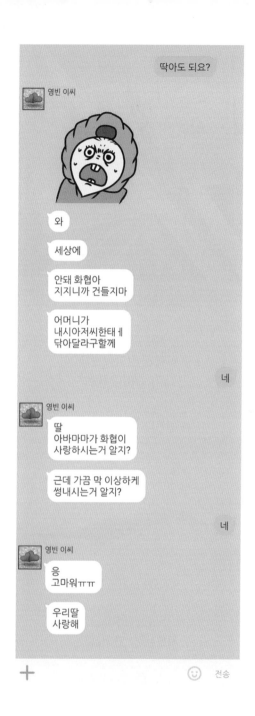

나중에
내시들한테 들었어.

저게……
#귀 씻은 물이라고…ㅠㅠ

※영조는 기분 나쁜 일이 있으면 귀를 씻었다.

왜일까?
왜 내가 미우실까?

내가 딸이라서?
세자를 원하셨는데
내가 태어나서??

ㅠㅠ

다행이야.
사도는 남자애니깐.

아바마마께서ㅠㅠ
동생은
이뻐해주실 거야…….

[정치] 주상, "사도세자 성에 안 차"
"100점 만점에 20점 정도"

[속보] 주상-사도 불화설?
"짜증…목소리만 들어도 귀 씻으셔"

?????

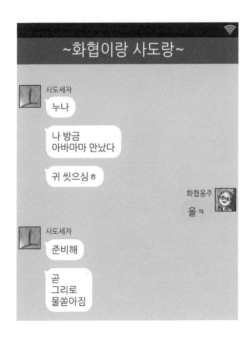

~화협이랑 사도랑~

사도세자
누나

나 방금
아바마마 만났다

귀 씻으심ㅎ

화협옹주
올ㅋ

사도세자
준비해

곧
그리로
물쏟아짐

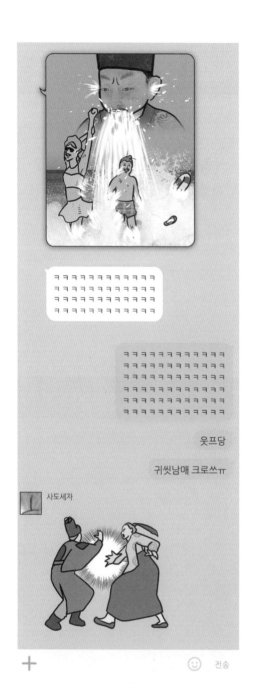

ㅋㅋㅋㅋㅋㅋㅋㅋㅋㅋㅋㅋ
ㅋㅋㅋㅋㅋㅋㅋㅋㅋㅋㅋㅋ
ㅋㅋㅋㅋㅋㅋㅋㅋㅋㅋㅋㅋ
ㅋㅋㅋㅋㅋㅋㅋㅋㅋㅋㅋㅋ

ㅋㅋㅋㅋㅋㅋㅋㅋㅋㅋㅋㅋㅋ
ㅋㅋㅋㅋㅋㅋㅋㅋㅋㅋㅋㅋㅋ
ㅋㅋㅋㅋㅋㅋㅋㅋㅋㅋㅋㅋㅋ
ㅋㅋㅋㅋㅋㅋㅋㅋㅋㅋㅋㅋㅋ
ㅋㅋㅋㅋㅋㅋㅋㅋㅋㅋㅋㅋㅋ
ㅋㅋㅋㅋㅋㅋㅋㅋㅋㅋㅋㅋㅋ

웃프당

귀씻남매 크로쓰ㅠ

사도세자

- 영조, 즉위하기 전에 아들 효장세자를 얻다. 똑똑했던 효장세자. 그러나 열 살에 갑자기 병으로 사망하다. 영조, 매우 슬퍼하다.
- 이후 영조, 딸 다섯을 두다. 화순옹주, 화평옹주. 심지어 뒤이어 태어난 세 옹주는 아주 어려서 죽어, 혹시 경종의 저주냐는 소문까지 돌다.
- 영조의 후궁 영빈 이씨, 화협옹주 낳다. 영조, 화협을 매우 미워하다. 언니들과는 한곳에 있지도 못하게 하다. 심지어 귀 씻은 물을 화협옹주 있는 집 담장 너머로 버리게 하다. ─「한중록」
- 영조, 사도세자가 태어나자 매우 기뻐하다. 그러나 곧 못마땅하며 엄히 대하다. 사도세자를 만난 날이면 귀를 씻다. ─「한중록」
- 화협옹주와 사도세자, 서로 다독이다. "우리는 아바마마의 귀씻이 준 비물이구나"라며 씁쓸하게 웃다. ─「한중록」
- 화협옹주, 스무 살에 죽다.

- 워터파크는 없었다.

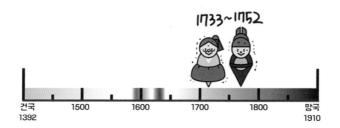

1733~1752

건국 1392 · 1500 · 1600 · 1700 · 1800 · 망국 1910

가족이란 이름의 악연

많은 사람들은 부모가 자식을 사랑하는 것이 당연하다고 생각한다. 하지만 현실은 늘 그렇지만은 않다. 옛 기록부터 오늘날 뉴스에서까지 자식을 미워하며 괴롭힌 부모의 이야기를 어렵지 않게 찾아볼 수 있다.

중종 때의 사람인 묵재 이문건은 평생 일기를 썼는데, 이것이 『묵재일기』라는 기록으로 남았다. 그의 일생은 참으로 박복했다. 어렸을 때 아버지를 잃고 형들과 함께 조광조의 제자가 되어 공부를 시작했다. 그러다가 기묘사화가 벌어지자 끈 떨어진 연 신세가 되었고 과거시험을 볼 자격마저 박탈당했다. 그런데다가 이후의 신사무옥에까지 휘말리는 바람에 두 형이 모두 죽임당하고 조카까지 처참하게 처형당했으며 본인도 유배를 가게 되어 집안이 풍비박산 난다. 그의 불행은 이것으로 끝나지 않았다. 그는 일평생 여섯 명의 자식을 두었지만 모두 일찍 죽어 성년이 되도록 살아남은 것은 외아들 온뿐이었다. 그런데 온은 어릴 때 열병을 앓고 난 뒤 몸이 불편해지고 정신적으로도 문제가 생겨, 과거시험에 합격해 가문을 일으키기는커녕 제대로 생활을 하는 것조차 어려웠다.

이문건은 아들에게 글을 가르치려고 노력했으나 당연히 해낼 수 있을 리 없었다. 되는 일 하나 없이 울화만 터지는 상황에서 이문건은 아들을 학대하기 시작했다. 시를 잘 못 읽는다는 이유로 회초리가 부러지고 온몸이 피투성이가 될 정도로 매를 때리기도 하고, 머리털을 한 움큼씩 뽑기도 하고, 아들의 뺨을 발로 밟기까지 했다. 이문건이 아들을 얼마나 심하게 때렸는지 부인이 나서서 그러다 죽겠다고 뜯어 말려야 할 정도였다. 아들이 온전한 정신이었다면 반항하거나 도망이라도 쳤을 텐데 그럴지 못했다.

이렇게 처참한 생활 속에서도 아들 이온은 결혼을 했고 자식을 두었다. 처음 두

아이는 딸이었지만 셋째는 이문건이 바라마지 않던 '대를 이어줄' 아들이었다. 손자 숙길이 태어나자 환갑이 가까이 된 이문건은 몹시 기뻐했고 손자의 육아일기를 직접 썼다. 이것이 『양아록』이다. 갓난아이가 차츰 자라 기거나 앉고 서는 과정을 하나하나 지켜보고, 이빨이 나고 손을 쓰며 옹알옹알 글을 읽는 흉내를 내는 것을 보며 "우리 손자가 천재인가 봐"라며 호들갑을 떨기도 한다. 그러던 중 손자가 일곱 살이 되던 해, 온은 간질 발작으로 고생하다가 40세의 나이로 아버지보다 먼저 세상을 떠나고 만다. 살아생전에는 아들을 그렇게나 괴롭히고 때리던 이문건은 막상 아들이 세상을 떠나자 한 달 내내 일기를 쓰지 않으며 몹시 슬퍼했다.

이문건은 남은 손자를 정성들여 키웠지만 기대와는 달리 손자도 공부에 소질이 없었다. 일곱 살에 아버지를 잃은 손자 숙길은 처음엔 할아버지를 몹시 사랑하며 낮이고 밤이고 할아버지 곁에서 지내고 싶어 하는 아이였지만, 글공부를 시작하며 문제가 생겼다. 숙길은 공부가 하기 싫은 나머지 도망을 나갔다가 잡혀 오게 되고 할아버지는 손자에게 매를 들었다. 숙길은 점점 엇나가 열세 살이 되었을 즈음부터 술을 마시기 시작했다. 이문건은 손자가 술에 취해 돌아오자 화가 난 나머지 온 가족을 시켜 숙길을 때리게 했고 이후로도 툭하면 때렸으며 마침내 이문건은 "할아버지와 손자 사이에 남은 것이 없다"라고 슬퍼하면서 『양아록』 쓰는 것을 그만두었다.

왜 이문건은 아들을 그렇게까지 괴롭혔을까? 갖은 병으로 계속 아이를 잃다가 간신히 살아남은 자식이었다. 그렇지만 가족이 죽고 집안이 망하는 등 계속된 불행 속에서 절망한 나머지 아들을 감정의 하수구로 쓰며 화풀이한 것이리라. 손자에게는 자신이 해내지 못한 출세를 대신하고 가문의 명예를 되살려주기를 바라며 무거운 짐을 지웠고 그것이 이루어지지 않자 손자에게 또 화풀이를 했다.

『양아록』은 요즘도 보기 드문, 할아버지가 손자를 키우며 쓴 육아일기라는 점에서 손자에 대한 애틋한 사랑을 담은 기록으로 여겨지는 경우가 많다. 그러나 이런 마음을 어떻게 그저 사랑이라고만 부를 수 있을까. 이문건이 불행한 인생을 보낸 것은 사실이지만 그의 아들과 손자로 태어난 이들에게는 아무런 잘못이 없다. 이문건은 아들과 손자를 한 인간으로서 존중하지 않았으니 차라리 남만 못한 악연이었다.

13
영조의 선글라스

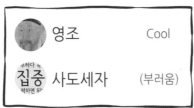

🔵 영조	Cool	
집중 사도세자	(부러움)	

하나요 **구식례**(救食禮)

태양이 숨어 버리는
일식日蝕

세상이 어두워지면,
조선의 왕은 천지신명께
해를 돌려달라고 빌어야 했다.

그 제사를 '구식례'라고 하는데.

관상감★성팀장
전하

영조
준비끝?

관상감★성팀장
ㅇㅇ옙
제사상 셋팅 마쳤고요
일식 곧 시작합니다

ㅇㅋ

규일경
필요해?

관상감★성팀장
음; 오늘은 태양이
완~전히 가려질 예정이라......
없어도 되지 싶긴 한데.......

혹시 모르니 끼고 오시지요

전하의 안정은 소중하니까요 ♥
※안정眼睛 : 왕의 눈

ㅇㅋ

지금 감

임진왜란 때 조선에
처음 소개된 '안경'.

수정을 깎아 안경알을 만들었는데,
색깔이 짙은 '규일경'을 끼면
해를 쳐다보아도 눈이 부시지 않았다.

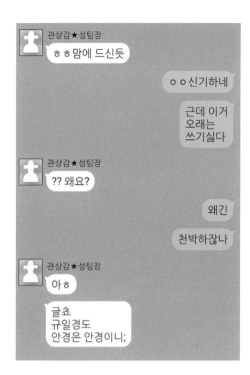

관상감★성팀장
ㅎㅎ맘에 드신듯

ㅇㅇ신기하네

근데 이거
오래는
쓰기싫다

관상감★성팀장
?? 왜요?

왜긴

천박하잖나

관상감★성팀장
아ㅎ

글쵸
규일경도
안경은 안경이니;

지금은 모범생의 상징인 안경.
하지만 조선시대 땐 아니었다.

인기 HOT 안경때메 파혼당했습니다ㅠㅠ

한양 / 20남입니다.제목데롭니다.
여친 엄빠님 첩빕는 자리에 이러고 갔어요ㅜ

알아요 양애취급같죠ㅜ근데저 안경없음 심봉사라ㅜㅜㅜ
여튼 어른들 저 보시자마자 밥상 엎엇고요
여친도 제가 이런 사람일 줄 몰랏데요.

!!!도와주세요!!!ㅜㅜㅜ여친맘 어떻게 돌리죠??

+추가 : 제생각이 짧았습니다
어른 앞에서 안경이라니 미쳣엇네요
황송합니다.........글삭하겟습니다..............

네티즌 덧글(1742개)

꽃*님 : 혈 날티보소;;;;;;;;깡패인줄;;;;;;;;

김돌*님 : 미챳다ㅉㅉㅉ시력 마이너스 개념도 마이너스

박문*님 : 이런 놈도 여친이 있는데ㅜㅜㅜㅜㅜ

하지만
독서를 즐겼던 조선 사람들에게,

세상을 환히 밝혀주는 안경은
너무나 소중했으니.

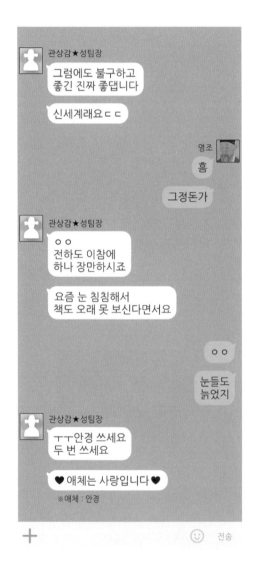

관상감★성팀장
그럼에도 불구하고
좋긴 진짜 좋답니다

신세계래요ㄷㄷ

영조
흠

그정돈가

관상감★성팀장
ㅇㅇ
전하도 이참에
하나 장만하시죠

요즘 눈 침침해서
책도 오래 못 보신다면서요

ㅇㅇ

눈들도
늙었지

관상감★성팀장
ㅜㅜ안경 쓰세요
두 번 쓰세요

♥애체는 사랑입니다♥
※애체 : 안경

전송

근시와 근심

못 이기는 척
안경을 쓰게 된 영조.

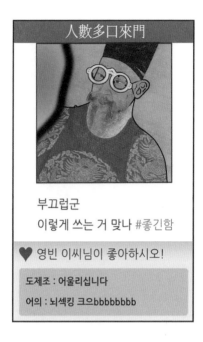

하지만, 안경이 필요한 사람은
비단 영조뿐만이 아니었으니.

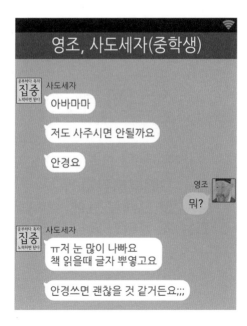

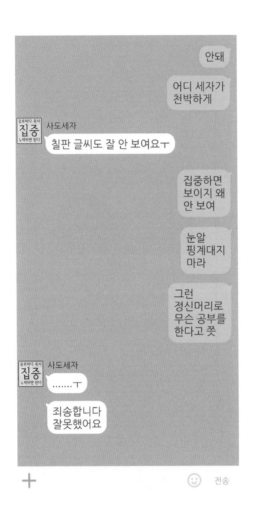

영조

"그때부터였어."
"말 그대로 눈에
뵈는 게 없어진 게……ㅎ"

by 사도세자

그리하였다고 한다.

끝.

정사 正史

- 18세기 조선, 안경 사랑받다. 여인들도 즐겨 쓰다.
- 영조, 30대부터 안경을 쓰다.
- 선비가 다른 사람, 특히 연장자 앞에서 안경을 쓰는 것은 예의 없는 짓이라 하다. 깐깐한 영조, 그 탓에 시력이 좋지 않았는데도 평생 안경을 썼다 벗었다 하다.
- 영조, 1742년 규일경을 끼고 구식례에 참가하다. 일식의 모양을 관상감(기상청) 관료들과 직접 보다.
- 사도세자, 어릴 때부터 매우 공부를 잘하다. 조선 세자 가운데 최연소로(7세) 세자 교육을 시작하다.
- 사도세자, 아빠를 닮아 눈이 나빴다. 영조, 안경을 씌울까 고민하다. 그러나 말을 바꾸어, "안경을 끼고 아랫사람을 대하는 것은 예의가 아니다"라며 안경 못 쓰게 하다. 아예 안경이란 것이 있음을 세자에게 알려주지 못하게 하다.

※안경 사진 출처- 국립민속박물관 소장품 검색.

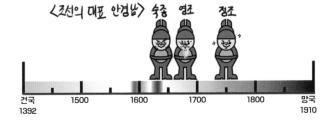

〈조선의 대표 안경남〉 숙종 영조 정조

건국 1392   1500   1600   1700   1800   망국 1910

눈 나쁜 사람들의 희망, 안경

요즘 들어 텔레비전이나 스마트 폰을 너무 들여다보는 바람에 사람들 시력이 꽤 나빠졌다고 한다. 그렇다고 해서 옛날에 눈이 나쁜 사람이 없었던 것은 아니었다. 나이가 들면서 노안이 오거나 눈을 혹사시켜 시력이 나빠지거나 선천적으로 나쁜 시력을 타고난 사람들은 그때도 있었다. 그렇기 때문에 옛날에도 안경은 있었다.

옛날 안경은 한자로 애채靉靆라고 했다. 안경이란 말도 쓰였지만 망원경이나 돋보기까지 모두 함께 이르는 말이었다. 유리나 수정 등을 잘 갈아 빛을 굴절시켜 사물을 또렷이 볼 수 있게 하는 이 도구를 누가 발명했는지는 의견이 분분하지만 유럽 그 어드메에서 누군가가 발명한 이 물건은 이내 수많은 눈 나쁜 사람들에게 빛이자 희망이 되어주었다.

명나라 때 중국으로 전해진 안경은 임진왜란 즈음 조선으로 전파되었다. 최초의 안경은 지금의 안경들과 많은 점에서 달랐다. 우선 안경다리가 없었다. 우리나라에 현존하는 가장 오래된 안경은 임진왜란 때 동인이었던 김성일의 안경으로, 동그란 렌즈는 둘 있되 안경다리는 없어 양 옆에 끈을 매달아 이걸 얼굴에 고정하는 디자인이었다. 그러다 보니 두 렌즈를 접어 하나로 포갤 수 있는 등 요즘의 안경과는 꽤 다른 모양새였다.

당연히 조선 사람들도 이 편리한 발명품을 반겼다. 이익은 『성호사설』에서 안경이 서양에서 들어온 것이라고 적어 놓았는데, 실제로 명나라 시기 서양 선교사인 마테오 리치를 비롯한 많은 서양인들이 안경을 착용했으며 황제가 여기저기 하사하면서 차츰 쓰는 사람들이 늘어나고 있었다.

그때까지 안경은 가격이 높았기 때문에 필수품이라기보다는 고급 수집품에 가까웠다. 렌즈를 만들기 위해서는 땅에서 캐어낸 수정 중에서도 특별히 투명하고 맑은 것을 골라 얇게 갈아야 했다. 게다가 당시로서는 핫한 메이드 인 차이나, 즉 중국에서 만든 것들이었으니 말이다. 요즘처럼 대량 생산된 유리나 플라스틱으로 만드는 것에 비하면 엄청나게 만들기도 힘들고 당연히 값도 비쌌다. 조선에서도 부유한 집은 곧잘 몇 개의 안경을 가지고 있었지만 주로 청나라 수입품이자 소장용 명품이었다.

그렇다 보니 정작 안경이 필요한 사람들은 안경을 구하지 못해 고생하곤 했으니, 바로 노안에 시달리며 책 많이 보는 유학자들이 그랬다. 윤기는 시를 지으며 "책을 읽을 때 글자가 두세 개로 보여 헷갈린다"라며 괴로워하다 아는 사람에게 안경을 좀 빌려달라고 절실하게 부탁했고, 정약용도 역시 눈이 많이 나빠져서 책을 읽을 때 고생했으며, 정조도 말년에는 약해진 시력 때문에 몹시 고민했다. 특히 정조는 국정을 봐야 하니 글을 안 읽을 수도 없는데 그렇다고 안경을 쓰고 조정에 나가기도 뭣하다며 신하들과 의논한 적도 있다.

안경 사용자였던 정약용은 안경을 소재로 많은 시를 지었다. "안경을 쓰고 글을 보니 어두운 것이 없어진다"라는 시를 짓기도 했고, 돋보기 렌즈를 햇빛 아래에 종이와 함께 가져다 댔을 때 왜 불이 붙는지를 놓고 글을 쓰기도 했다.

이처럼 안경은 옛 선비들의 삶에 떼려야 뗄 수 없는 물건 같지만 여자들도 많이 사용했다. 특히 바느질을 할 때 필요했기에 부인이 건강하다는 관용구로 "나이 들어서도 자수 놓을 때 안경을 쓰지 않았다"라는 말을 쓰곤 했다.

요즘은 안경을 맞출 때 시력 검사를 한 뒤 그에 알맞은 배율을 가지도록 렌즈를 깎지만 그 당시에는 그냥 적당히 깎았다. 요즘 안경에 비하면 그 품질이 비할 데가 없이 낮았지만 그럼에도 눈 나쁜 사람들에게는 너무나도 소중한 존재였으니, 때때로 안경을 잃어버리고 슬픔을 이기지 못해 시를 지은 선비들이 있을 정도였다. 그러나 안경보다 중요한 것은 시력을 지키는 일일 것이다. 비록 좋은 안경이 있는 세상에 살고 있지만 그래도 지나친 눈 혹사는 삼가도록 하자.

혜경궁 홍씨 꿈이길

 사도세자 (알수없음)

하나요 택배

#김치 #반찬 #보약
보통 그런 거지?

친정 아빠들이
시집간 딸에게 보내는 건.

하지만
우리 아버지 선물은

좀 특별해.

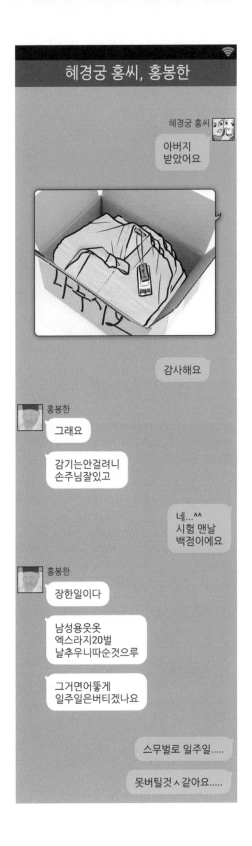

혜경궁 홍씨

아버지
받았어요

감사해요

홍봉한

그래요

감기는안걸려니
손주님잘있고

네...^^
시험 맨날
백점이에요

홍봉한

장한일이다

남성용웃옷
엑스라지20벌
날추우니따순것으루

그거면어뚷게
일주일은버티겠나요

스무벌로 일주일.....

못버틸것ㅅ같아요.....

의대증(衣帶症)

저 많은 남자 옷들?
다 우리 남편 거ㅇㅇ

뭐?
엄청난 #패셔니스타냐고?

[혜경궁 홍씨]

사도세자 아내. 정조(이성)엄마.

아니.
그래서가 아니라……

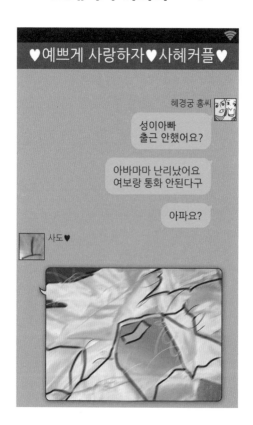

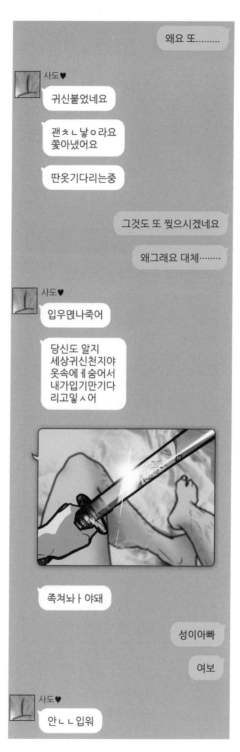

왜요 또.........

사도♥

귀신붙었네요

괜ㅊㄴ낳ㅇ라요
쫓아냈어요

딴옷기다리는중

그것도 또 찢으시겠네요

왜그래요 대체.........

사도♥

입우면나죽어

당신도 알지
세상귀신천지야
옷속에ㅔ숨어서
내가입기만기다
리고잏ㅅ어

족쳐놔ㅏ야돼

성이아빠

여보

사도♥

안ㄴㄴ입워

"옷 입고 상투 틀면
아바마마한테 가야 하잖아."

셋이요 돌이킬 수 없는

무서웠어.
매일 기도했어.

내가 알던 그이로
돌아오라고.

그런데……
하늘도 무심하시지.

人數多口來門

동궁전 나인 김연화

헐 #동궁전 #세자저하 침소에서ㅜㅜ
또또 닭시체 발견...칼로 죽였네요
#범인 #누구야 #무서움 #퍼뜨려주세요

♥ 첫 좋소이다를 누르시오!

혜경궁 : 세상에

혜경궁 : 연화씨 미안한데
이 글 내려줄래요 🔒

혜경궁 : 부탁 좀 할게..
이유는 알거야 🔒

어쩌지ㅜㅜ
이거… 시아바마마께
들켰다간 그날로…….

!!!

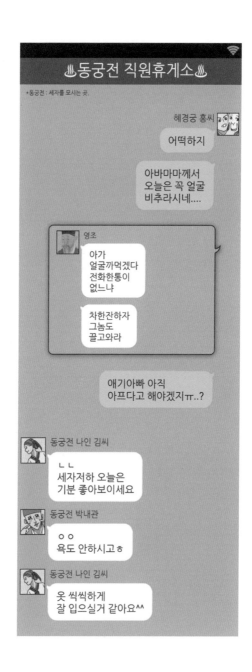

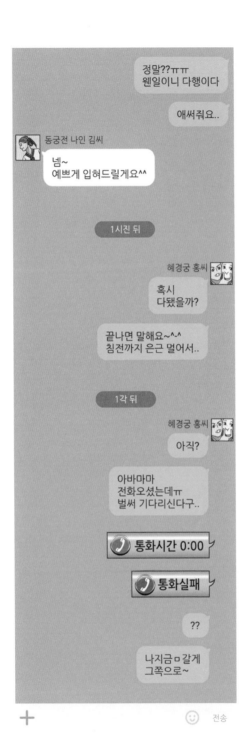

성이 아빠……!

- 사도세자, 15세부터 영조를 대신해 대리청정하다. 경제 문제, 당파싸움 등 복잡한 나랏일을 엄히 꾸짖음 당하며 다스려 나가다.
- 사도세자, 옷 입기를 싫어하는 의대증 앓다. 수많은 옷들을 찢어발기다. 혜경궁 홍씨, 친정에 부탁해 옷 구하다. ―『한중록』
- 사도세자를 아껴주던 양어머니 정성왕후, 할머니 인원왕후 사망하다. 정신이 더욱 불안해진 사도세자, 동궁전 내관 김한채의 목 베어 혜경궁과 나인들에게 돌려 보게 하다. ―『한중록』
- 사도세자, 후궁 빙애를 매우 총애하여 그녀가 입혀주는 옷만큼은 입었으나 갑자기 그녀를 때려 죽이다. 빙애와의 사이에서 태어난 자기 자식들에게까지 칼질을 하다. ―『한중록』
- 사도세자, 영조에게 "화가 치밀어 사람이나 닭 같은 짐승을 죽여야만 속이 풀립니다" 고백하다. 영조, 아연실색하여 "앞으로 엄히 대하지 않겠다" 했으나 살인 계속되다. 나인, 내관들이 죽어 나가다. ―『한중록』

- 택배 서비스는 없었다.

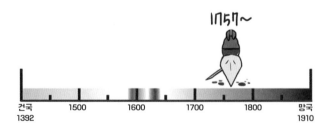

1757~

건국 1392   1500   1600   1700   1800   망국 1910

아버지가 나를 미치게 해

칭찬은 고래도 춤추게 한다는 말이 있다. 그만큼 칭찬은 아주 작고 사소한 것이라도 사람의 기분을 좋게 만든다. 그러나 반대로 꾸중이나 비난은 철갑을 두른 드래곤이라도 아프게 할 수 있다. 잘못을 지적하고 야단치는 말은 아무리 부드럽게 표현한다고 해도 가시가 되어 사람 마음에 박힌다.

『실록』을 보면 신하들은 영조에게 "세자가 충분히 잘하고 있으니 야단치지 마시라"라는 말을 거듭 무척 많이 하고 있다. 소론이건 노론이건 당파 상관없이, 심지어 울면서 권하는 신하도 있었다! 사도세자를 키웠던 유모는 사도세자가 술을 마셨다는 오해를 사 억울하게 야단을 맞자 영조에게 "아니거든요? 냄새 맡아서 확인해 보세요!"라고 외치기도 했다. 왕세자를 아기 때부터 돌봐온 유모라고는 하지만 대부분 그 신분은 천민이었다. 신분의 벽을 몇 겹이나 뛰어넘어 왕에게 항의를 할 정도였으니 사도세자에게의 애정도 있었겠지만 영조가 해도 해도 너무해서가 아니었겠는가. 사도세자로서는 유모가 몹시 고마웠겠지만 그러면서도 그런 소리 하지 말라며 야단을 쳤다. 그러자 영조는 그것을 빌미로 사도세자를 또 쥐 잡듯이 잡아댔다. "감히 네가 내 앞에서 아랫사람을 야단치다니 눈에 뵈는 것이 없나 보다"라는 이유에서였다. 결국 영조는 사도세자가 무엇을 하든 못마땅해했다.

사도세자는 열다섯 살이 되던 1749년(영조 25)부터 대리청정을 시작했고, 나라의 임금인 영조가 대조大朝라는 이유로 그에 대비해 소조小朝라고 했다. 온전히는 아니었지만 그래도 엄연한 정부의 수장이 되었는데, 영조는 그것을 또 가만히 내버려두지 않았다. 사도세자가 결정을 내리면 단박에 불러들여 "그거 왜 했니? 저건 왜 했니?" 하며 달달달 볶아 댔다. 나라를 수십 년 다스린 프로페셔널보다 인턴인 사도세자가 서툰 것은 당연한 일이건만, 영조는 왜 이리 일을 못하냐며 자존심을 하나하나 뭉개고 깨부쉈다. 신하들이 보는 앞에서, 가족이나 하인들이 보는 앞에서 사도세자에게 망신을 줬고 사시사철 석고대죄를 하게 했다. 눈이 펑펑 내리는 한겨울에도 하고, 병을 앓고 있어도 해서 신하들마저 안타까워하는데 영조는 "아직도 하고 있나?"라며 무심하게 대했을 뿐이다.

가뭄 같은 천재지변이 있으면 영조는 "이게 다 너 때문이다"라고 온갖 욕설을 퍼부으며 세자를 야단쳤고, 그래서 사도세자는 날씨가 조금이라도 궂으면 영조에게 야단맞을까 봐 불안해했다고 한다. 영조는 신하들 앞에서도 세자의 흉을 보았다.

"처음에 세자가 똑똑해서 너무 예뻐했더니 나쁜 버릇을 키워 놨다. 저 애는 희망이 없다."

또 어느 날은 사도세자가 발이 아프다고 했는데, 정작 보니 발걸음이 정상이었다며 거짓말을 했다고 신하들에게 일러바치기도(?) 했다. 나라의 세자의 싹수가 노랗다는 말을 아랫사람들에게 거리낌없이 해대니 체면도 안 서는데다 무엇보다도 인간으로서의 존엄이 무시당하는 셈이었다.

이러니 '의대증'이라고 불렸던 사도세자의 옷 찢는 증상이 생긴 것도 이해 못할 일이 아니다. 그런 행동이 느닷없기는 하지만 가만히 생각해보면 이것도 나름의 알고리즘이 있었다. 사람은 언제 의복을 갖추는가? 격식을 차려야 할 때이다. 그런데 세자가 격식을 갖춰야 할 때는 언제인가? 바로 일, 대리청정을 할 때나 아버지인 임금을 만나러 갈 때다.

대리청정을 한다. → 실수라도 하면 아버지에게 혼이 난다.

아버지에게 인사하러 간다. → 당연히 아버지에게 혼이 난다.

어느 쪽이건 야단을 맞을 수밖에 없었고, 이 과정을 잘 정리해보면 사도세자가 옷을 보고 발작을 일으킨 것도 이상하다 할 수 없지 않을까. 『실록』에서도 "사도세자는 영조가 행차한다는 말을 들으면 두려워서 잠을 못 잔다"는 말이 나올 지경이다. 그래도 아버지와 아들의 사이이거늘 어째서 이렇게 뒤틀려 버린 것일까.

딱히 이유를 찾아볼 것도 없이 우리 주변에만 해도 한때는 몹시 사랑하고 아꼈지만, 시간이 지나며 남만 못한 사이가 된 부모와 자식을 많이 찾아볼 수 있다. 한 가족 한 핏줄로 태어났다고 해도 결국 너와 나는 다른 사람이거늘, 부모가 자식에게 너무 많은 것을 기대하고 자식이 부모에게서 별개의 존재로 독립하지 못하면 결국 어느 쪽에게나 비극이 된다. 조선왕조실록

하나요 우유

급식에 나와도,
쉬이 버려지곤 하는 우유.

하지만 조선시대에는
왕이나 먹는 귀한 음식이었다.

유통기한 : 1753년
000,000 원

어찌나 귀했는지,
영조 29년에는
궁에서 우유 낭비(?)가 의심되자

임금이 직접 나섰다.

※ 어의 : 왕을 모시는 주치의.
　내의원 : 궁궐의 병원.

둘이요 송아지

영조, 어의

빼돌리다뇨;;;

아침마다 왕족분들 드시는
우유죽 만들었는데요;

영조
그거 먹는 건
나,중전,어머님,세자뿐이잖아

예산관리장부 (내의원 부서

일자	품목	사용처
1153년	우유 * 5 (2컵)	
	감초 500g	
	녹용 2kg	

영조
필요한 건 네그릇인데 자넨
다섯그릇을 받았네?

의료인이 어찌 양심을 팔아!

아닙니다

전하 손자분 계시잖아요

영조
누구?

우리 원손이?

예ㅠㅠㅠ

왕자님 아직 두살이시잖아요

우유 그분 이유식에 썼어요ㅠㅠㅠ

영조
아

뭐야 난또

ㅜㅜㅜㅜㅜㅜ

영조
미안 근데
왜 시키지도 않은 짓을
하고 그래ㅎㅎ

걔 아직 세손책봉도 안 한
갓난아기잖나

우유먹을 짬이 안 돼ㅎㅎ

몰랐습니다ㅜㅜㅜ

그럼 이제 우유 뺄까요?
그래도 왕자님인데...

영조
ㅇㅇ빼

비싸기도 하려니와......
젖소한테도 새끼들이 있잖나

사람이 우유죽 몇 그릇 먹자고
송아지가 젖을 굶게 할순 없지

전하ㅜㅜㅜ

영조
미안하게 되었네ㅎㅎ

➕   ☺ 전송

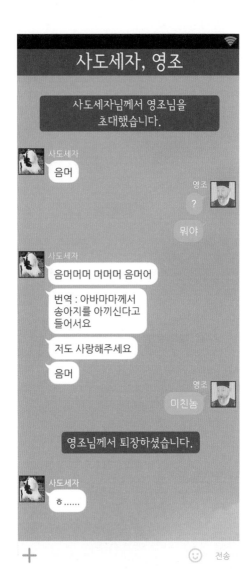

이로부터 9년 뒤,

영조는 아들 사도세자를
뒤주에 넣어 굶겨 죽였다.

끝.

정사 正史

실록에 기록된 것

- 영조는 매우 검소했다.
- 우유는 매우 귀했다. 아침 우유죽은 왕, 대비, 중전, 세자 정도만이 먹을 수 있는 음식이었다.
- 내의원, 실수로 영조의 손자에게도 우유죽을 바치다.
- 영조, "손자는 아직 세손 책봉도 안 받았으며, 젖을 빼앗길 송아지들이 불쌍하니 우유죽은 원손이 세손으로 책봉된 뒤에나 주라" 명하다.
- 덧붙여 이 손자(원손)가 훗날의 정조다.
- 영조의 아들이자 정조의 아버지 사도세자, 뒤주에 갇혀 굶어 죽다.

픽션

기록에 없는 것

- 사도세자가 송아지 흉내를 내지는 않았다. 그러나 뒤주에 갇히던 날, 사도세자는 정조의 아기 모자를 써 아버지의 마음을 돌려보려고 했다. 영조가 손자 정조를 매우 아꼈기 때문이다. 그러나……

1753

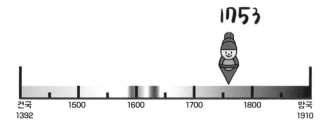

건국 1392 · 1500 · 1600 · 1700 · 1800 · 망국 1910

정조의 형, 의소세손

영조는 좋고 싫음이 극단적인 사람이었다. 때로는 애정과 미움이 순식간에 뒤바뀌기도 했다. 여러 후궁들 중에서 영조의 사랑을 가장 많이 받았던 비빈은 영빈 이씨였는데, 그녀의 자식들의 처지는 참으로 극과 극이었다. 화평옹주와 화완옹주는 왕이 직접 찾아가 만나고 몹시 사랑하고 아꼈으며 동시에 그 사위들도 총애를 받았다. 하지만 화협옹주나 사도세자는 찬밥 중의 찬밥이었다. 문제는 이들이 뭘 특별히 잘못해서가 아니라 영조의 기분에 따라 미움을 받게 되었다는 것이다. 가장 사랑받은 자식도 미움받은 자식도 모두 영빈 이씨의 소생이었기에 영빈은 이 상황을 몹시 안타까워했지만 할 수 있는 일은 없었던 모양이다. 상황이 이러하니 손자들에게도 마찬가지였다.

사도세자의 첫아들, 정조의 형인 의소세손이 태어났을 때 영조는 영 뜨뜻미지근한 반응이었다. 이전 사도세자가 태어날 때는 직접 산실청에 기다릴 정도로 적극적이었건만 세손이 태어나자 정사를 볼 때 입던 옷을 그대로 입고 와서 쓱 보고 가버렸다. 이 말인즉슨 퇴근길에 작업복 차림으로 손자를 보고 갔다는 말이었다. 얼마나 무심하고 무덤덤했는지를 보여주는 한 예이다.

놀라운 일이었다. 세손은 곧 아들이다. 따라서 왕-세자-세손으로 이어지는 후계 구도가 완성되는 것으로 나라의 엄청난 경사였다. 그런데 왜 영조는 탐탁찮아 했을까? 영조가 몹시 사랑하던 딸, 화평옹주가 자식도 낳지 못하고 일찍 죽은 것이 생각나서 기뻐할 수 없었다고 한다. 며느리인 혜경궁이 '영조도 속으론 기뻐했을 것'이라고 애써 단서를 달아 놓긴 했지만, 영조는 첫 손주에게 얼마나 무심했는지 사도세자에게 축하를 한다거나 혜경궁에게 수고했다는 말을 건네지도 않았다. 그 뿐만이 아니다. 처음으로 아이를 낳아 몸이 아팠던 며느리 혜경궁을 영빈 이씨는

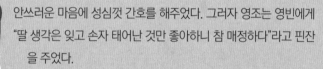 안쓰러운 마음에 성심껏 간호를 해주었다. 그러자 영조는 영빈에게 "딸 생각은 잊고 손자 태어난 것만 좋아하니 참 매정하다"라고 핀잔을 주었다.

영빈은 웃으면서 "성깔 하고는" 정도로 대응했다지만 상황이 이러니 사도세자는 "나도 힘든데 아이까지 태어났으니 어쩌나"라고 걱정에 휩싸였고, 이 이야기를 들은 혜경궁은 몹시 슬퍼했다.

그런데 상황이 갑자기 뒤집히게 된다. 태어난 의소세손의 몸에는 파란 점과 빨간 점이 하나씩 있었는데 죽은 화평공주의 몸에도 그런 점이 있었다. 온 가족이 함께 온양으로 행차한 날, 영조는 영빈과 함께 혜경궁을 찾아와 직접 의소세손의 옷을 벗겨 점을 확인해 보았다. 그리고 그 순간 이후로 영조는 의소세손을 화평옹주의 환생으로 여기며 지극히 아끼게 된다. 갑자기 무심하던 태도가 싹 바뀌어 아이에게 좋다는 것은 모두 하고 나쁘다는 것을 피하는 등 오만 가지에 신경을 썼으며 세자 부부의 거처도 더 좋은 곳으로 옮기게끔 했다.

사도세자는 의소세손을 통해 아버지와의 사이를 회복할 수 있지 않을까 기대를 했던 듯하다. 하지만 영조가 세손을 아끼고 사랑한 것은 화평옹주의 환생으로 여겼기 때문일 뿐이라 세자 부부를 대하는 태도는 전이랑 조금도 다름이 없었다고 한다. 그리고 이런 영조의 사랑에도 불구하고 의소세손은 일찍 세상을 떠났고, 영조는 큰 슬픔에 잠겼다. 반 년 뒤 또 하나의 손자가 태어나게 되니 바로 정조였다. 하지만 사랑하던 옹주와 그 환생이던 세손이 세상을 떠난 직후에 태어난 손자에게 영조는 시큰둥했다. 영조의 마음이 바뀌게 된 것은 정조가 차츰 나이가 들면서 세상에 다시없는 총명함, 영조가 바라 마지않던 완벽한 성군의 자질을 보이게 되면서부터였다. 그와 동시에 사도세자에게는 마지막 남아 있던 애정도 사라지게 된다.

16
사도세자, 만화책 읽다

사도세자 ㅋㅋㅋㅋ...

하나요
최후의 독서

1762년 5월 13일,
영조는 아들 사도세자를
뒤주에 가뒀다.

비극이 일어나기
겨우 나흘 전, 9일.

사도(28세)는
책을 한 권 읽고 있었다.

#공자왈
유교경전이었냐고?

#부처님 #좋은말씀
불경이었냐고?

아니.

바로 128쪽짜리
그림책이었다.
#판타지 #초능력 #액션물

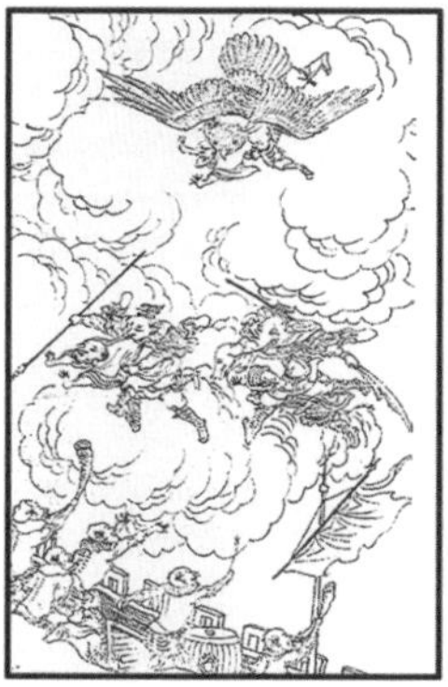

[중국소설회모본 中 서유기]
#사도세자 #최애작 #즐찾

근데 저 만화책,
사실 사도세자
본인이 만든 것이었으니(!).

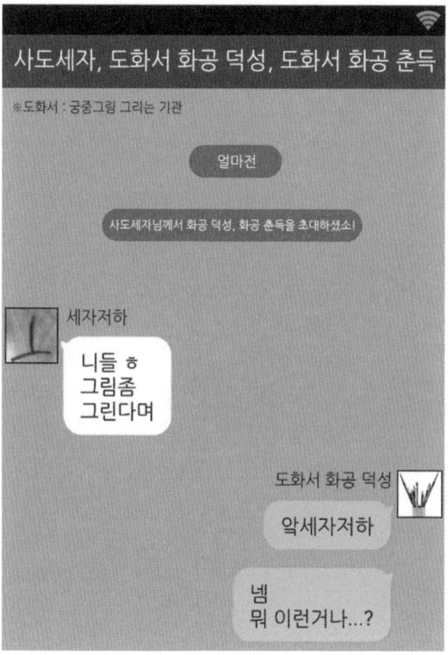
사도세자, 도화서 화공 덕성, 도화서 화공 춘득
※도화서 : 궁중그림 그리는 기관
얼마전
사도세자님께서 화공 덕성, 화공 춘득을 초대하셨소!
세자저하
니들 ㅎ
그림좀
그린다며
도화서 화공 덕성
악세자저하
넴
뭐 이런거나...?

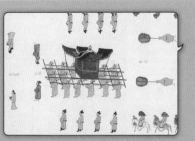

※의궤도 : 왕실행사를 묘사한 그림. 유네스코 세계기록유산.

 세자저하

으 종노잼

이게진짜
예술ㄹ이지ㅋ

ㅋ

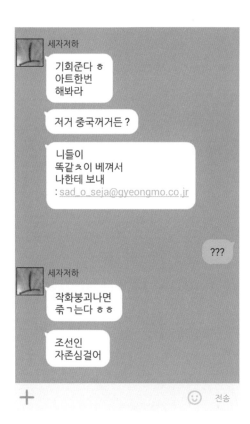

세이요
힐링

중국 ☞ #중국
소설회 ☞ #소설그림
모본 ☞ 베낀것 ☞ #스캔본

화공들은 당황했다.

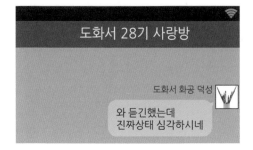

결국 완성된 #스캔본.

사도세자, 좋아서
몸소 #영업글까지 썼으니.

안면장부

 사도세자 @sad_o_seja
5월 13일 방금 막, 한양

[개인적 취향저격 모음집]
#심심하니 #할일없니 #우울하니
그런 백성들은 와서 보도록하라 ㅋㅋ

@사도세자 ░░░를 팔로우하면
★☆더 많이☆★ 볼 수 있느니라

👍 첫 좋아요를 누르시오!

 혜경궁 홍씨 : 성이아빠 뭐해요
　　　　　　　　지워ㅓ요 🔒

 혜경궁 홍씨 : 일하셔야죠ㅠㅠ
　　　　　　　　아버님 아시면... 🔒

• • • • • • •

 영조 : 니

 영조 : 휘령전으로
　　　　　튀어와

그 휘령전에서⋯ 뒤주에⋯⋯.
끝.

정사 正史

- 사도세자, 아랫사람들을 무수히 죽이다. 궁을 몰래 가출해 평양에 갔다가 기생을 데려오기도 하다.
- 그때 영조, 병으로 몸져 누워 있었다. 그래서 사도세자의 비행소식을 늦게 접하다.
- 사도세자, 각종 책을 섭렵하다. 판타지, 로맨스, 19금 소설 등부터 당시 막 청나라에서 들여온 성경까지 읽다.
- 지금 일본 만화가 인기 끌 듯, 당시에는 중국산 판타지 소설과 그림이 인기였다. 우울증, 정신분열증, 불안장애에 시달리던 사도, 소설과 그림에서 위로받다. 특히 강력한 먼치킨 주인공이 활약하는 이야기를 좋아하다. 대표적으로 『서유기』, 『수호지』, 『삼국지』.
- 사도, 김덕성을 비롯한 화공들에게 중국판 그림책을 베껴달라고 하다. 책이 완성되자, 서문에 "판타지에서도 배울 바가 많다. 봄날 겨울밤, 병과 외로움을 치료하고 소일하는 데 도움이 되리라" 쓰다.

사도세자 친필.
※출처- 국립중앙도서관 소장 『중국소설회모본』

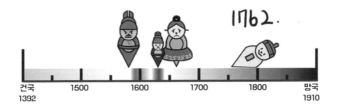

1762.

건국 1392 1500 1600 1700 1800 망국 1910

- 열여섯 번째 이야기 -

사도세자는 왜 죽어야 했을까

임오화변, 즉 사도세자가 뒤주 안에서 굶어 죽은 사건은 사소하게는 아버지가 아들을 죽인 것이고 국가적으로는 왕이 세자를 처형한 일이었다. 그런데 영조가 어쩌다 그렇게까지 잔인한 일을 하게 되었는지는 의문으로 남아 있다.

『조선왕조실록』에서 대략적으로 적고 있긴 하지만 그렇게 자세하지는 않다. 드문드문 사람들이 자기 문집에 남긴 글이 전부다. 가장 자세하게 적은 것은 역시 혜경궁 홍씨의『한중록』이지만 그것도 완전히 의문을 해소해주지는 않기에 지금까지도 저마다의 해석이 나오고 있다. 그러다 보니 수많은 사도세자가 그려진다. 소론의 편을 들려다가 노론에게 죽임당한 비운의 인물이 되기도 하고, 아버지 영조의 편집증에 미쳐 버린 불우한 인간이 되기도 하며, 북벌(!)을 꿈꾸다가 제거당하는 비운의 무사가 되기도 한다(이 즈음이 청나라 최고 전성기이던 옹정-건륭의 시대라는 것을 염두에 둘 필요가 있겠다).

사도세자의 죽음을 설명해주는 가장 상세한 자료 중 하나는 영조와 정조, 두 사람의 손으로 파기되었다. 1776년(영조 52), 세손의 요청에 따라 영조는『승정원일기』의 사도세자 처형 관련 기록을 물에 씻어 지워 버렸고, 다시 이 일을 이야기하면 역적이라고 선언했다. 사도세자의 죽음에 관한 가장 자세한 자료는 세검정의 냇물에 깨끗하게 씻겨 사라졌다. 할아버지와 손자의 성격으로 보건대, 이는 느닷없이 충동적으로 벌어졌다기보다는 이미 합의가 다 끝난 일이었을 것이고, 그렇다면 둘 중 누구에게도 손해가 가는 일은 아니었을 것이다.

그렇기에『승정원일기』에 기록되어 있던 것은 사도세자의 죄목으로 추측된다. 사도세자가 죽어야만 했던 진짜 이유. 세상에 알려진다면 영조의 잘못이 들통나거나 정조의 즉위 명분이 사라질 만한 그런 이야기 말이다.

시작은 영조와 사도세자의 성격이 서로 맞지 않았던 것일지도 모른다. 영조는 성미가 급하고 변덕이 죽 끓듯 했지만 동시에 강력한 의지를 가지고 어떻게든 밀어붙여 결과를 냈고, 완벽주의자라 하나부터 백까지 원하는 대로 되어야 직성이 풀렸다. 그에 비해 사도세자는 예체능계 인간이었지만 성격은 조용하고 수줍어 여섯 살 때 아버지 영조와 신하들 앞에서 큰 소리로 글자를 읽지 못하고 손가락으로 가리키며 답할 정도였기에 둘은 서로 1년 동안 보지 않을 만큼 사이가 벌어졌다.

그렇다 해도 사도세자는 영조의 유일한 아들이었으며 또 하나뿐인 후계자였다. 그것도 마흔 넘어 얻은 늦둥이 자식이었기에 언제든 영조가 죽고 나면 다음 왕이 될 단 한 사람이었다. 정조가 태어나기 전까지는 말이다.

정조는 할아버지 영조를 작게 줄여서 찍어 낸 듯한 성향을 가지고 있었고, 아버지 사도세자의 천재성도 물려받았다. 거기에 조선 최고의 사교육을 받다 보니 너무나도 훌륭한 왕의 재목으로 자라났다. 어린 나이에도 할아버지와 대신들 앞에서 좋은 정치란 무엇이고 어떻게 해야 한다는 등의 어려운 대답을 척척 해냈다. 영조는 총명한 세손을 깊이 사랑해 매일같이 불러 만났으며 신하들에게 자랑하며 "조선의 미래가 세손에게 달려 있다"고 할 정도였다.

사도세자는 영조가 자신을 밀어내고 세손을 효장세자의 양자로 삼아 왕위를 이으려 할지도 모른다고 걱정을 했는데 결국 그 말대로 되었던 셈이다. 임오화변이 있기 1년 전, 정조는 결혼을 했다. 비록 열한 살이었지만 비를 맞이할 정도로 자란 것이니, 어쩌면 그것이 계기가 되어 영조는 마음에 들지 않는 아들보다는 세손을 서둘러 다음 왕으로 만들고 싶었던 것은 아닐까.

영조가 내린 비정한 조치는 사도세자에게만 내려진 게 아니었다. 세손 정조가 장성하자 영조는 정조의 이복형제이자 사도세자의 다른 아들들이던 은언군, 은신군 등을 제주도로 귀양 보내 아무도 만나지 못하게 위리안치 시켰다. 이들이 무슨 역모라도 저질렀냐면 조금도 아니었다. 상인들에게 돈을 빌렸다는 죄목을 갖다 붙였다. 그들도 손자였거늘 고된 유배 생활에 은신군이 병을 얻어 17세의 나이에 죽었음에도 자비는 없었다. 다른 손자들이 남아 있으면 역모의 명분이 될 수 있으니 화근부터 뽑아 버린 것이리라. 결국 영조는 아버지나 할아버지이기 이전에 조선의 왕이었다.

사도세자　　열어

 영조　　（알수없음）

하나요

첫날

영조
"세자란 놈이
사람을 해쳐?"

"거기다
애비인 나까지
죽이려 해?"

"저놈 당장 처넣어!"

....
·········아········

어이가 없네ㅎ·······.

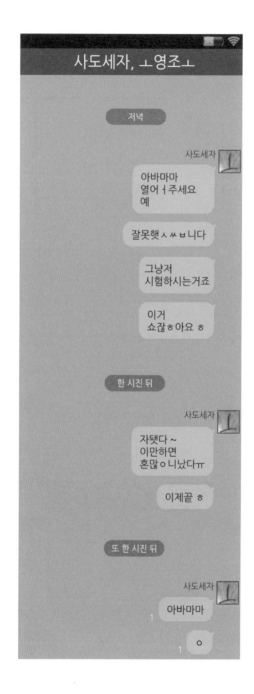

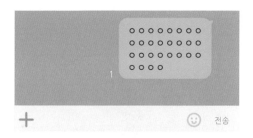

셋이요 7일째

전하가
생존체크하래서요
1 없어지는지ㅎ;;

쏴라잇네ㅋ

ㅁㅊ

ㅁㅜㅝ

ㅁㅜ

ㅁ,

포도대장 구선복

ㅉㅉ
오타보소

배고파서
손가락에 힘이
1도 없으시네ㅜ.ㅜ

저하..제가몰래 밥드릴까요

,ㄹ

ㅇ

포도대장 구선복

ㅇㅇ받으세요

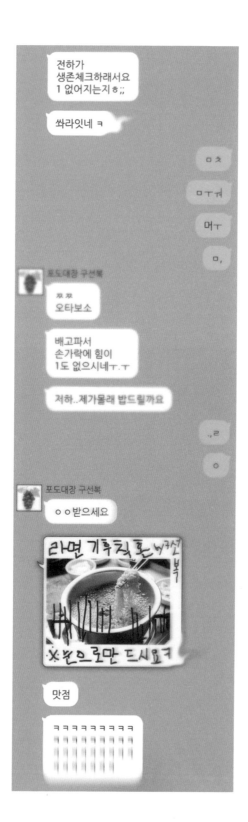

맛점

ㅋㅋㅋㅋㅋㅋㅋㅋ

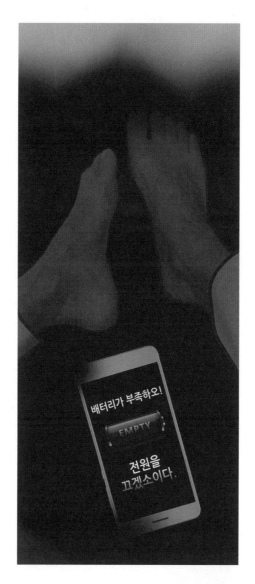

실록에 기록된 것

- 사도세자, 28세 나이로 죽다.
- 영조, 처음엔 사도세자에게 자결을 명했다. 그러나 혜경궁과 세손(정조), 신하들이 가로막자 부엌에서 뒤주를 가져오라 하다.
- 사도, "날 힘들게 하려고 이러신다" "자! 이제 나가자!" "곧 날 도울 사람이 올 것이다"라며 설레발치다.
- 궁인들, 밥과 약, 부채를 주다. 몰래 밖에 나오게도 하다. 분노한 영조, 아예 뒤주 뚜껑에 못을 박아 버리다. 뒤주를 꺼내 온 포도대장 구선복, 음식을 줄까 말까 하며 사도 희롱하다.
- 사도, 7일 만에 사망하다.

아들을 죽게 한 어머니 영빈 이씨

사도세자의 비극은 흔히 영조와 사도세자, 그리고 정조 3대의 비극으로 그려지곤 한다. 이 사이에 끼어 있지만 흔히 잊혀지는 사람이 있으니 사도세자의 어머니인 영빈 이씨이다. 영빈은 원래 궁녀였다가 영조의 눈에 들어 후궁이 된 사람으로, 딸 여섯에 아들 하나를 낳았다. 특히 다섯 딸들은 모두 연년생으로 태어났으니 영빈은 거의 5년 넘게 항상 임신한 상태였을 만큼 영조의 사랑을 받았다.

당시 영조는 효장세자가 죽은 뒤 아들을 두지 못해 나라 전체의 걱정거리가 되었을 정도였고, 신하들은 영빈이 아들을 낳도록 기원하는 기도를 올리자고 건의할 정도였다. 아무튼 영조는 직접 산실청에 들어가 아이가 태어나는 것을 지켜보기까지 했고 영빈은 마침내 사도세자를 낳았다. 나라의 뒤를 이을 아들을 낳았으니 후궁으로서는 최고의 영예였지만 어머니로서는 그다지 행복하지 않았다. 영조는 나라의 후계자가 될 사도세자를 강하게 키워야 한다는 이유로 갓 100일이 지난 아기를 엄마 영빈과 떨어뜨려 세자궁에서 자라게 했다.

그런데 그곳에 배치된 궁녀들은 경종의 왕비 선의왕후를 모셨던 사람들이었다. 원래 경종의 사람들이었으니 영조에게 좋은 감정이 있을 리 없었고, 그것이 사도세자에게 나쁜 영향을 주게 되었다고 한다. 영빈이 궁녀 출신인 탓에 세자를 만나러 온 영빈을 얕잡아 보고 무례하게 굴었다고도 한다. 그럴 때마다 영조는 화를 내며 펄펄 뛰었고 이런 일이 계속되자 영빈은 아예 세자궁에 가지 않게 되었다. 어머니와 떨어져 지내는 와중, 영조의 불같은 성격에 휘둘리며 세자는 마음의 병을 얻었다.

사도세자의 증상은 점점 심해졌지만 영빈은 크게 도와주지는 못했던 것으로 보인다. 사도세자가 사고를 쳤을 때 모른 척하기도 했던 그녀이니 말이다. 아무리 행실이 어긋나고 있다 해도 사도세자는 다음 왕이 될 사람이니, 설령 생모라고 해도 감히 야단을 칠 수 없는 입장이기도 했다. 그러다 마침내 나경언의 고변으로 사도세자가 궁녀와 내시들을 함부로 죽이고 평양 및 궁궐 바깥을 마구 나돌아 다닌 기행들이 알려지고, 영조가 왜 자신에게 말하지 않았냐고 펄펄 뛸 때 영빈은 영조에게 그동안 있었던 사도세자의 잘못들을 조목조목 알렸다. 그리고 영조는 사도세자를 죽일 것을 결정했다.

어머니가 아들의 잘못을 감싸주는 대신 오히려 죽음의 길로 몰아넣었으니 참 비정한 일이라 생각되지만, 그것은 영빈 이씨만이 할 수 있는 일이었다. 정서가 지극히 불안정하고 살인까지 벌이는 사람을 한 나라를 책임지는 왕으로 삼을 수는 없다. 그런데 사도세자를 밀어낸다면 다음 후계자는 유일한 손자인 세손, 곧 정조였다.

그렇기 때문에 누구도 사도세자의 잘못을 낱낱이 입증할 수 없었다. 그러다가 만약 사도세자가 죽게 되기라도 한다면 다음 왕이 된 정조가 훗날 보복을 할 수도 있었으니 말이다. 이미 자신의 어머니가 사약을 받고 죽었다는 것을 빌미 삼아 피바람을 불게 했던 연산군의 역사적인 예가 있지 않았던가? 그러니 이 일은 사도세자의 친어머니이자 정조의 할머니인 영빈 이씨만이 할 수 있는 일이었다. 몇몇 신하들은 "고작 여인의 말로 세자를 흔드느냐?"라며 화를 냈지만 영조의 마음은 오래전에 정해져 있었고 영빈은 그저 명분을 주었을 뿐이었다.

사도세자의 3년 상이 끝나고 나서 1주일이 지난 1764년(영조 40) 7월 26일, 영빈은 홀연히 세상을 떠난다. 아들의 죽음, 그리고 자신이 그 과정에 참여했다는 것이 큰 고통이었던 것일까? 마치 기다리기도 했던 것처럼 아들의 상이 끝나자마자 삶을 마감했으니 말이다. 영조는 크게 슬퍼하면서 그날로 영빈에게 의열義烈이라는 시호를 내렸으니, 나라를 위해 어머니의 정을 잊고 큰일을 해냈다는 이유에서였다.

영조는 때때로 영빈의 의견을 신하들에게 전하기도 했을 정도로 그녀를 신뢰했으며 스스럼없는 사이였다. 궁녀로 시작해 임금의 사랑을 받아 빈이 되고, 많은 자식을 낳아 세자의 어머니, 왕의 할머니까지 되었던 그녀였지만 마냥 행복하다고는 할 수 없는 인생이었다. 조선왕조실록

18
밥푸니까 청춘이다

 성균관 유생들

하나요 출석 체크

새해가 밝았다.

나는
조선의 #국립대학교
#성균관 #푸르른 새내기.

人數多口來門

 박진사 @jujaboy

3.1절이라 내일부터 #등교 #두근두근
#조선의 #인재가 되겠습니다
#열심 #교복 #학장

♥ 첫 좋소이다를 누르시오!

맹생원 : ? 아직 조선시댄데
　　　　3.1절이 어딨어 도른자야

맹생원 : 오늘 정상수업이야
　　　　뛰어

17 박진사
야
오셨냐

17 맹생원
아직ㄴㄴ
달려

오ㅠㅠㅠ○○○

10분 뒤

17 박진사
나이제
교뭄ㄴ

17 맹생원
○○
아직 안오심
빨리빨리

아ㅠㅠㅠ

아웃........

ㅠㅠㅠㅠㅑㅈㅑㅑㅑ
ㅠㅠㅠㅠㅠㅠㅠㅠ
ㅠㅠㅠㅠㅠㅠㅑㅠ
ㅠㅠㅠㅠㅠㅠㅠㅠ

전송

둘이요
끼니

왜
강의실이 아니라
#식당에서 난리냐고?

이게 성균관 룰이다ㅇㅇ
밥 먹기 = 출석 1회.

꼬박꼬박 잘 먹는 학생이
수업 때도 성실해서
그렇다는데…….

ㅎ…….
좀 이상한 듯…….

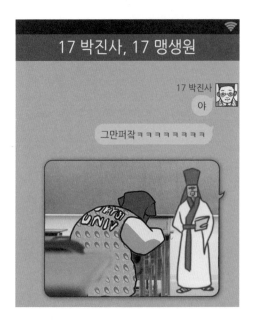

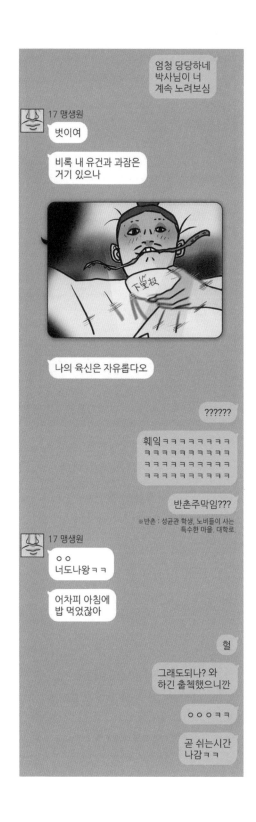

엄청 당당하네
박사님이 너
계속 노려보심

17 맹생원

벗이여

비록 내 유건과 과잠은
거기 있으나

나의 육신은 자유롭다오

??????

훼익ㅋㅋㅋㅋㅋㅋㅋ
ㅋㅋㅋㅋㅋㅋㅋㅋ
ㅋㅋㅋㅋㅋㅋㅋㅋ
ㅋㅋㅋㅋㅋㅋㅋㅋ

반촌주막임???

※반촌 : 성균관 학생, 노비들이 사는
특수한 마을. 대학로.

17 맹생원

ㅇㅇ
너도나왕ㅋㅋ

어차피 아침에
밥 먹었잖아

헐

그래도되나? 와
하긴 출첵했으니깐

ㅇㅇㅇㅋㅋ

곧 쉬는시간
나감ㅋㅋ

셋이요

먹어야 산다

억울했다.
다 큰 성인인데 왜ㅠㅠ

근데,
귀가 번쩍 뜨이는
선배들 이야기.

"야 밥은 잘 먹어ㅋㅋ"

"출첵 30번 해야
과거시험 원서 나옴ㅇㅇ"

??????

조선왕조실톡

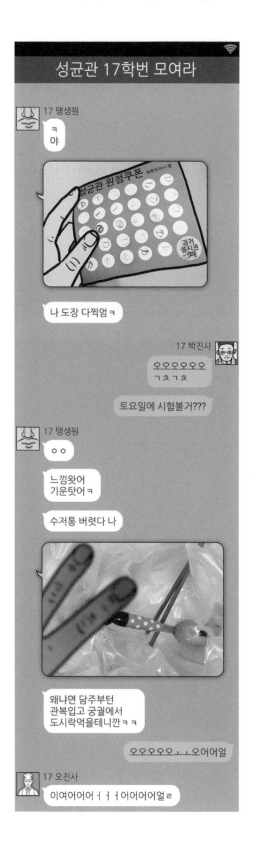

17 맹생원
ㅋ
야

나 도장 다찍엄ㅋ

17 박진사
오오오오오오
ㄱㅊㄱㅊ

토요일에 시험볼거???

17 맹생원
ㅇㅇ

느낌왔어
기운탓어ㅋ

수저통 버렷다 나

왜냐면 담주부턴
관복입고 궁궐에서
도시락먹을테니깐ㅋ

오오오오ㅗㅗ오어어얼

17 오진사
이여어어어ㅓㅓㅓ어어어어얼ㄹ

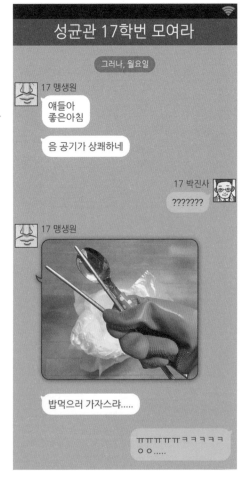

저 때가 좋았지ㅋㅋ　　　끝.

정사 正史

실록에 기록된 것

- 성균관 유생들이 식당에서 밥을 먹어야만 출석한 것으로 인정하는 원점(圓點)제, 조선초 일찍이 시행하다.
- 성균관 유생들이 자꾸 학교를 떠나 돌아다니려고 해, 아침과 저녁밥을 모두 먹어야 그날 출석 점수를 인정해주다.
- 태종조에는 300점을 채워야만 과거시험을 볼 수 있었으나, 이후 150점, 50점, 30점만 채워도 되도록 기준이 점차 낮아지다.
- 밥을 먹는 것이 매우 중요했던 만큼, 유생들은 필요하면 식사를 거부하며 나라와 왕을 상대로 시위를 했다. 과거시험을 거부한다=나라에 충성하기를 거부한다는 중대한 사태이기 때문.

픽션

기록에 없는 것

- 호피 학잠은 없었다.

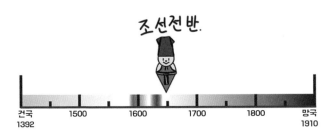

조선전반.

건국 1392　1500　1600　1700　1800　망국 1910

서얼 검서관들의 투잡

조선시대 양반들의 인생 목표는 입신양명, 출세해서 이름을 날리는 것이었다. 하지만 반쪽짜리 양반인 서얼들은 그 꿈을 이루기가 불가능했다. 가장 유명한 서얼은 아무래도 홍길동일 것이다. 그가 울분을 참지 못해 읊었던 "아버지를 아버지라 부르지 못하고 형을 형이라 부르지 못하다니!"라는 말은 시대가 지나도 여전히 많은 이들에게 알려져 있다.

조선이 세워진 이후 수백 년 동안 서얼들은 계속 태어났으며, 한 번 서얼로 태어났으면 영원히 서얼이었다. 그러다 보니 영정조 시기에 와서는 서얼들끼리 결혼하고 후손을 낳은 서얼 가문들이 형성되기까지 했다. 흔히 '백탑파'로 이름난 문학 클럽도 박제가를 제외하면 대부분 서얼 가문 출신이었다. 양반도 아니고 양민도 아닌 서얼들은 한 계층이 될 만큼 숫자가 불어났지만 여전히 관직에 종사할 수 없는 등 여러 가지 제약에 묶여 있었다.

영조는 자신이 서얼들에게도 벼슬길을 열어줬다고 자랑스러워했지만 그렇다고 차별이 사라지지는 않았다. 서얼들은 성균관에 입학할 수 있었지만 아무리 학식이 뛰어나고 나이가 많아도 적자 학생들의 뒤에 앉아야 했고, 높은 벼슬을 얻을 수 없었다. 물려받은 재산도 그렇게 많지 않았고 벼슬에도 한계가 있다 보니 취직자리도 마땅치 않았다. 개중에는 무관이 되거나 장사를 해 틈새시장을 찾아낸 사람들도 있었지만 많은 서얼들은 가난했고, 그중에서도 특히 가난한 이들이 백탑파의 서얼들이었다. 그들은 가난했어도 공부에의 열정을 버리지 않았다. 먹을 게 없어서 굶다가 한계에 부딪히면 아끼고 아끼던 책을 헌책방에 팔았고, 판 책이 아쉬워 매일같이 헌책방의 옛 책을 찾아가 보는 사람들이었다.

정조는 즉위하자마자 뛰어난 재주를 가진 선비들과 나라에 쓰임이 될 사람을 임용하겠다는 '서류허통절목'을 선언했다. 그리고 1779년(정조 3)에는 규장각에 검서관을 두어 그 자리에 서얼들을 임명했으니, 그렇게 검서관이 된 인물들이 바로 이덕무, 유득공, 박제가 등 백탑파의 인재들이었다. 이 소식을 들은 연암 박지원은 몹시 기뻐했다. 서얼이던 그들이 꿈에도 그리던 나랏일을 하게 된 것도 기뻤으며 찢어지게 가난한 살림에 보탬이 될 것이라 생각했기 때문이었다. 그는 이런 편지를 보내기도 했다.

"드디어 걔들이 굶어 죽지 않게 되었어! 사람이 지렁이나 매미도 아닌데 어떻게 물만 먹고 사니?"

그렇게 왕의 부름을 받아 관리가 된 이들은 무시무시한 업무 폭풍 속에 휘말린다. 본래 규장각 검서관은 비정규직 파트 타임 근무로 책을 읽고 정리하는 아르바이트였지만, 정조가 워낙 무시무시하게 많은 일을 시키다 보니 일의 난이도는 하늘로 치솟고 월화수목금금금에 야근은 기본 옵션으로 일해야 했다. 그럼에도 평생의 꿈에 그리던 관직 일이다 보니 이들 검서관들은 기쁘게 착취당했다. 그들 덕분에 정조 시대에는 사회, 역사 및 각종 학문 분야를 아우른 책을 2,000권이나 발간할 수 있었다.

그런데 검서관은 파트타임 아르바이트라 급여가 적었다. 그렇잖아도 가난한 사람들이 돈도 별로 받지 못하고 혹사당했다니 참 너무한 일이었는데, 다행히 고용주인 정조는 나름대로 양심을 발휘해 이들에게 살 길을 열어주었다. 바로 투잡을 시킨 것이다. 검서관들에게 겸직으로 현감, 즉 시골 원님 자리를 주었다. 그런데 검서관 일은 서울에서 해야 했고 현감은 지방 근무였으며 규장각의 업무는 산더미 같았으니 당연히 이들 검서관이 지방에 내려갈 기회는 매우 적었다. 당연히 근무 태도 불량으로 고과도 낮게 나올 수밖에 없었지만, 무려 임금의 명령으로 검서관들의 고과는 높은 점수로 조작되었다. 모든 것은 가난한 검서관들에게 넉넉한 급료를 주기 위해서였다.

이덕무가 세상을 떠난 뒤, 정조는 직접 500금이라는 돈을 하사했다. 가난한 사정을 뻔히 아니 이 돈으로 그가 썼던 글을 모아 문집이라도 내주라는 것이었다. 그리고 이덕무의 아들을 다시 검서관으로 특채했다. 이런 임금님표 꼼수는 유쾌하기도 하지만 달리 생각하면 서얼 차별을 완전히 철폐하지 못하고 극히 일부의 편의를 보아준 것이 전부라는 뜻이기도 해 입맛이 씁쓸해진다.

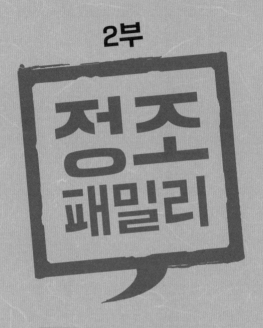

2부

정조 패밀리

정조 1776~1800년 재위

정조   브즈믈르그

영조   (헛기침)

야 봄 되면
니네 다이어리 사잖아?
내 비밀, 남 뒷담 다 써 두려고.

[22대왕 정조]

근데 누가 그거
몰래 펼쳐 보면 어떨 거 같아?

아니, 심지어
막 국보로 지정해서

전 국민이 내 일기 쫙
볼 수 있다면 기분 어떨 거 같아?

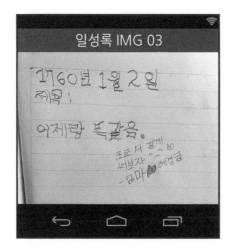

#으어어
#수치스러움

둘이요

아홉 살

#한숨
저 『일성록』이란 책?
그냥 내가 평생 쓴 일기야ㅋㅋㅋ

아홉 살 때부터 혼자 써봤어.
그날 뭐했나.

뭐 대개 이런 거지.

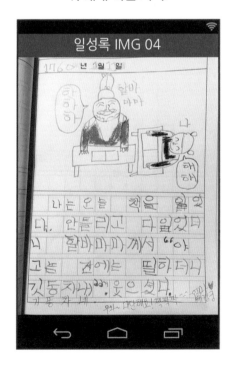

내 칭찬,

내 자랑,

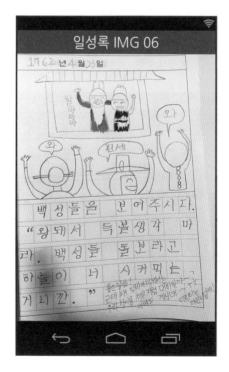

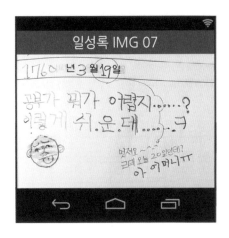

#으어어
#2차
#수치스러움

비가 오나 눈이 오나 썼어.
나름 큰 뜻 품었지.
아플 땐? 그거 적음ㅇㅇ

근데 딱 한 번,
열한 살 되던 해에.

그렇게 석 달을 안 쓰다가,
겨우 다시 시작했는데…….

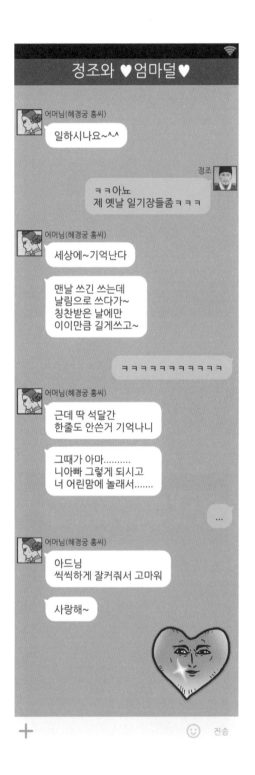

정조와 ♥엄마덜♥

어머님(혜경궁 홍씨)

일하시나요~^^

정조

ㅋㅋ아뇨
제 옛날 일기장들좀ㅋㅋㅋ

어머님(혜경궁 홍씨)

세상에~기억난다

맨날 쓰긴 쓰는데
날림으로 쓰다가~
칭찬받은 날에만
이이만큼 길게쓰고~

ㅋㅋㅋㅋㅋㅋㅋㅋㅋㅋㅋ

어머님(혜경궁 홍씨)

근데 딱 석달간
한줄도 안쓴거 기억나니

그때가 아마..........
니아빠 그렇게 되시고
너 어린맘에 놀래서......

...

어머님(혜경궁 홍씨)

아드님
씩씩하게 잘커줘서 고마워

사랑해~

＋   ☺ 전송

조선왕조실톡

대단하시다.
일기 쓰기 귀찮은데.

o o
자그마치 40년을.
끝.

실록에 기록된 것

- 정조, 세손 시절 "매일 세 번 스스로를 반성하겠다"며 일기를 쓰기 시작하다. 내용은 대부분 "공부방에서 과외받았다" 한 줄.
- 영조, 세손 정조의 공부에 엄청나게 신경쓰다. 정조, 어떻게 칭찬받았으며, 주변 신하들은 뭐라고 했는지까지 구체적으로 적어 놓다. 그런데 아이답게 한자를 잘못 쓰거나, 날짜를 틀리게 적다.
- 『일성록』에 자주 등장하는 인물은 할아버지 영조, 과외 선생님들, 어머니. 그러나 아버지 사도세자, 기껏해야 일 년에 두어 번 언급되다. 그마저도 "아버지께 관리를 보내 인사를 드렸다" 정도. 정조가 일기 쓰기 시작한 무렵, 사도세자의 비행이 극에 달해 교류가 어려웠던 탓일지도.
- 영조, 세손 정조에게 "어떡해야 성군이 될 수 있느냐? 좋은 신하는 어떻게 얻느냐?" 등 제왕의 도리를 묻고 가르치다. 어린 정조, 똘똘히 대답하여 영조 "나보다 낫다. 조선의 미래는 세손에게 달렸다"라며 칭찬하다.
- 1762년 윤 5월, 사도세자 뒤주에 갇히다. 정조, 일기를 멈추다.

기록에 없는 것

픽션

- 그림일기는 아니었다.

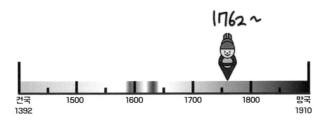

1762~

이산? 이성?

정조의 성은 당연히 이李씨이고, 이름은 '祘'이라고 적는다. 지금의 한자 사전을 보면 이 글자는 '셀 산'자로 읽으며, 그 뜻은 밝게 살펴서 헤아린다는 뜻이다. 좋은 임금에게 어울리는 이름이다. 그래서 정조를 주인공으로 한 역사 드라마 중에는 제목이 아예 〈이산〉인 것도 있고, 그 드라마 안에서는 할아버지 영조가 손자 정조를 자애롭게 "산아" 하고 부르는 장면도 있었다.

그런데 1800년에 나온 한자 사전인 『어정규장전운御定奎章全韻』의 옥편을 보면 이 글자의 발음은 '셩'이라고 적혀 있다. '어정'이란 바로 임금이 직접 참여했다는 말이다. 뒤따르는 말이 '규장'이니, 합치면 정조가 직접 규장각의 학자들을 갈구고 야근시키고 퇴고하며 만들어 낸 프로젝트라는 뜻이다. 누구도 아닌 자기 이름인데 여기서 오자가 났다면 정조가 몰랐을 리 없고 그 성격을 보면 상을 들어 엎고 난리를 치고도 남았을 터. 즉, 정조의 이름은 이성으로 읽어야 한다는 것이다. 이 글자는 한동안 셩이라 읽었고, 그래서 구한말에 나온 한자 사전인 『자전석요字典釋要』에서도 祘을 셩으로 읽고 있다.

그럼 여기서 궁금해진다. 왜 그동안 우리는 이 글자를 산이라 읽었을까. 원래 이 글자는 '산'이라 읽는 것이 맞다. 강희제 때 만들어진 중국의 한자 사전에서도 이 글자는 산이라 읽고 있다. 같은 한자라도 중국과 조선이 쓰는 말이 달랐으므로 다르게 부를 수도 있지만 그렇다 해도 특이한 경우이다. 이래서 등장한 또 하나의 주장은, 원래는 산으로 읽는 것이지만 일부러 셩이라 바꿔 불렀다는 것이다. 그래서 영조와 정조 시기의 기록을 보면 '산'이라는 이름을 가진 사람이 피휘를 하겠다며 이름을 바꾸기도 했고, '셩'이라는 이름을 가진 사람이 그러기도 한다. 오락가락했다는 말이다.

이것은 이 글자를 읽는 방법이 바뀐 지 얼마 되지 않았다는 뜻이기도 했다. 그렇다면 누가 이 글자를 읽는 법을 바꾸었을까? 바로 『규장전운』을 만드는 데 참여했던 정조 자신이었다. 그는 달성 서씨의 인물인 약봉 서성徐渻의 이름에서 발음을 따왔다고 했다.

왜 정조는 뜬금없이 남의 이름의 발음을 따왔을까? 서성은 선조 때부터 인조 때까지 살았던 사람으로, 자식 복이 많아서 무려 7남 4녀를 두었다. 참으로 많은 자식을 두었는데 그들 중 넷이 정승에다 승지, 현감까지 여러 벼슬을 지냈으니 남들이 부러워할 만도 했을 것이다. 하지만 정작 다른 자식들은 모두 요절했다고 하니 마냥 자식 복이 넘쳐났다고 하기에는 좀 어폐가 있지만, 아무튼 정조는 남의 이름의 발음을 가져와 자신의 이름으로 썼을 만큼 자식을 많이 두고 싶었던 것이리라. 지금 시각에서 본다면 비합리적인 일이긴 하지만 정조로서는 그 정도로 간절했던 것같다.

아무튼 정조의 꿈은 이루어지지 않았다. 정조의 정비 효의왕후를 비롯한 여러 아내들은 일평생 자식을 가지지 못했고, 의빈 성씨가 문효세자를 낳았지만 다섯 살의 나이로 요절했으며 그녀가 낳은 딸은 돌도 채우지 못하고 일찍 죽었다. 그러다가 수빈 박씨가 간신히 아들을 낳고 왕위를 계승하니 이가 순조였다. 같은 수빈에게서 태어난 둘째 딸인 숙선옹주는 장성해서 결혼을 했지만 겨우 외아들을 낳았고 그나마도 자식 없이 죽었다.

그리고 순조는 효명세자를 비롯해서 아들 둘에 딸 다섯을 두었지만 모두 스무 살을 간신히 넘기거나 그보다 어린 나이에 줄줄이 세상을 떠났다. 이후 효명세자의 아들 헌종이 즉위했지만 슬하에 외동딸을 두었고 그나마도 요절해 버렸으니, 정조의 가계는 남자 쪽으로나 여자 쪽으로나 완전히 끊어져 버리고 만다. 대신 아버지 사도세자의 서자들에게서 태어난 후손들이 남아 있어 그들의 계보가 철종과 고종으로 이어진다.

정조   아 냅두라고ㄴ

영조   음...

하나요

검먹은 어린아이

나는,
지금도 '그날'을
생생히 기억한다.

[눈물] 사도세자 뒤주에...세손 통곡
- 세손 : 아버지 나오소서! 아버지!
- 사도세자 : (오열) 성아..(박박박)

[눈물] 사도세자 뒤주에...세손 통곡
- 주상전하 : 누가 애좀 데려가라

아버지는
일주일 뒤 돌아가셨다.

나는 벌벌 떨었다.
다음은 내 차례일까 봐.

그런데.

솔직히 안심했다.
동시에 무서웠다.
'착하자. 그래야 살려주실 거야.'

세손

최선을 다하겠습니다 / 지켜봐주세요ㅠ

근데…….

🔟 세손 인성 ⬆
실시간 급상승 검색어
1 세손 인성
2 세손
3 세손 근황
4 세손 학교성적
5 사도세자 아들 세손
6 사도세자 살인
7 싸이코패스
8 싸패도 유전되나요...
9 연산군
10 세손 SNS

"세손, 내쫓아야"
"커서 아빠 복수할지도"
"제2의 연산군 되나?"

노론 대변인
"세손, 스무 살 넘었는데
자식이 없다니 수상하다"

"씨 없는 수박 의혹"

그래도
꾹꾹 참았다.
어쩔 거야.

세월을
쓰디쓴 약처럼 삼키며
버티길, 자그마치 14년.

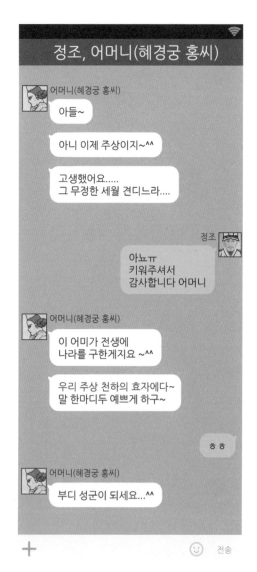

아이디 : tangpyeong_22

비밀번호 : ·······

로그인하겠소!

죄송합니다,
어머니.

본 사이트에 로그인할 수 없소!

 "tangpyeong_22"님
영구차단 되셨소이다!

차단이유 : 심한 인신공격

알았느니라

본 사이트에 로그인할 수 없소!

 신고당한 본인덧글 :

"으 젖비린내ㅋ"
"호로자식"
"개한테 물린 꿩아"
"(찰싹)주둥이(찰싹)"
"바지내려ㅋㅋ
  과인이 찰지게 때려준다"

알았느니라

착한 아들
뒤졌어요…ㅎ

#욕민정음_창제
#키보드워리어_탄생

성격 버리실 만했네.　　끝.

정사 正史

- 영조, 사도세자를 뒤주에 가두다. 세손 정조, 엎드려 울며 할아버지 영조에게 아버지를 살려달라 애원하다. 그러자 영조, 정조를 안아들고는 밖으로 내보내 버리다.
- 사도가 죽은 지 겨우 4일 만에, 영조, 세손 정조에게 "이제 세상에 우리 둘뿐이니 챙기며 살자꾸나" 위로하다. #소오름 그리고 정조를 효장세자 아들로 입적시키다. 영조의 일찍 죽은 맏아들이자 사도세자의 형.
- 영조, 어린 정조를 가르치다. 정조, 잔뜩 위축된 모습으로 공부를 해내다.
- 사도세자의 비행을 고발했던 무리들, 온갖 방법을 동원해 정조를 제거하려 애쓰다. 언론플레이를 함은 물론 암살까지 시도했다고. 장차 왕이 되어 아비의 복수를 할까 봐 걱정되었기 때문. 정조, 점차 말씨가 뾰족해지다. 수렴청정 중 "나라가 이 꼴인 건 다 니들 탓이다"라며 신하들을 모욕하기도 하다.
- 영조, 83세를 일기로 숨지다. 25세의 정조 즉위하다.

참고

- 저 욕설들은 정조가 쓴 편지글에 실제로 있다.

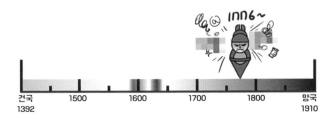

건국　1500　　1600　　1700　　1800　망국
1392　　　　　　　　　　　　　　　　　　1910

- 스무 번째 이야기 -

내가 사도세자의
아들이긴 한데

 정조의 이야기를 다룬 소설이나 드라마에서 곧잘 그려지는 명장면이 있다. 할아버지 영조가 세상을 떠난 뒤 세손이었던 정조는 면복을 입고 면류관을 쓴 채 즉위식을 치른 뒤 모여든 조정백관을 향해 외친다.

"나는 사도세자의 아들이다!"

그 말을 들은 순간 사도세자를 죽음으로 몰아넣었던 사악한 악당들은 겁에 질린 채 서로를 돌아보며 웅성대고, 반대로 사도세자의 억울한 죽음을 안타까워했던 이들은 눈시울을 붉히며 고개를 끄덕인다. 그리하여 정조는 복수의 칼을 뽑아든다……라고 말이다.

우선 정조가 그런 말을 한 것은 사실이다. 1776년 3월 10일 영조가 세상을 떠난 직후, 정조는 빈전의 밖에서 대신들을 만나 이렇게 말했다.

"오호! 과인은 사도세자의 아들이다嗚呼! 寡人思悼世子之子也."

그런데 조선말은 끝까지 들어야 한다. 이 말 다음으로 정조는 "그러니까 앞으로 아빠의 복수를 하겠다"라고 말하지 않았다. 오히려 정반대였다.

"그런데 선대왕(영조)께서 날 효장세자의 양자로 들이게 했지. 족보 때문인데 나도 할아버지 결정에 찬성했어. 예절은 지켜야 하지만 인정이란 게 있으니까 사도세자한테 임금 레벨은 아니지만 제사 지내주고 혜경궁 홍씨도 대비만큼은 아니더라도 잘해주자. 근데 이렇게 하면 꼭 사도세자를 임금으로 올리자고 하는 나쁜 놈들이 있더라? 그럼 혼날 거야."

즉 사도세자의 복수를 하기는커녕 절대로 왕으로 대접해주지 않을 것이고, 오히려 그렇게 하려고 하면 처벌하겠다는 말을 한 것이다. 이 말은 허투루 한 말이 아니었으니, 실제로 정조가 즉위하자마자 사도세자의 억울함을 풀어주고 왕으로 올려주자는 건의가 올라왔고 정조는 자신이 했던 말을 지켜 그런 말을 했던 사람들을 처벌했다.

정조는 왜 그랬을까? 영조는 살아생전 정조에게 "내가 네 아빠에게 할 만큼 했으니까 여기서 더 하면 '할아버지 나빠요' 하는 거야"라고 못박아 두었고, 정조 역시 그러겠다고 했다. 『승정원일기』에 있는 사도세자의 기록을 일부 지우자는 건의를 하기까지 했다. 이때 영조는 세손의 말에 몹시 기뻐하며 효손孝孫이라고 새긴 도장을 내려줄 정도였다. 영조야 사도세자의 죽음이 자신의 큰 잘못이기도 했으니 지우고 싶었겠지만 아들이 했다고 생각하면 비정한 발언이기는 하다. 심지어 정조는 사도세자를 추숭하려는 이들을 괴귀불령怪鬼不逞이라고 했으니, 괴물 같다, 귀신 같다, 제멋대로 군다는 말로 심한 폭언이었다.

그럼 정조는 아버지 사도세자를 싫어했을까? 그렇지는 않았다. 비록 만나러 갈 때마다 술에 취해 나쁜 소리를 하는 아버지였지만 그래도 아버지였다. 임오화변 때 아직 어린아이였던 정조는 아버지가 갇힌 뒤주를 향해 달려가 울다가 할아버지 영조에게 안겨서 끌려 나와야만 했다. 그런 일들이 마음의 상처로 남지 않을 리 있겠는가. 또 족보가 어떻든 온 세상 사람들이 정조가 사도세자의 아들인 것을 다 알고 있었고, 사도세자를 추숭하는 것이 자신의 임금으로서의 입지를 단단히 하고 홀어머니 혜경궁 홍씨를 위로하는 일이라는 것도 당연히 알고 있었다. 그래서 정조는 살아 있는 동안 아버지 사도세자를 왕으로 만들진 못했지만, 경모궁이라는 시호를 내려주고 임금의 격식으로 무덤을 아주 성대하게 만들어주었으며 신하들이 괴로워할 만큼 뻔질나게 성묘를 다녔다. 그럼에도 어째서 그런 말을 했을까?

그건 정조가 임금이라는 자리에 몹시도 투철한 사람이기 때문이었을 것이다. 아들로서의 정조는 아버지를 추숭하고 싶었겠지만 이를 빌미로 신하들이 정치적인 공작을 할 수 있다는 가능성, 사도세자를 핑계로 임금인 자신에게 아부를 떨거나 반대파를 공격할 수도 있다는 가능성을 도저히 용납할 수 없었던 것이리라. 개인의 슬픔이나 감정보다도 왕이라는 직책을 더욱 중요하게 여겼고 그에 따라 움직였으니 정조는 그야말로 프로페셔널한 왕이었다. 한 인간으로 바라볼 때면 안타깝지만, 왕으로 태어났고 왕으로 살았던 정조에게는 그것이 더 당연한 일이었을지도 모르겠다. 조선왕조실록

정조	♥ 홍국영 ♥	
혜경궁 홍씨	- -	
홍국영	♥주상전하♥	

나는 혜경궁 홍씨.
22대 임금,
정조의 어미 되는 사람입니다.

[정조 모친, 사도세자의 아내]

오늘도 나는,
아들의 SNS를 염탐하며

하루를 시작하지요.

안면장부

정조 @tangpyeong_22

업무를 마치고

도승지 홍국영과 후원 나들이~ㅋㅋ

이 여유가 좋다ㅋ #창덕궁

👍 홍국영님 외 89명이 좋아합니다.

박내관 : 멋지세용~

 안면장부

정조 @tangpyeong_22

언제나 내편인 나의 좋은 사람은~?

홍국영 ♥님 입니다

@홍국영 받으랏ㅋㅋㅋ

#어명 #애정테스트 #장난 #궁합

👍 홍국영님 외 91명이 좋아합니다.

정약용 : 뀨ㅇㅅㅇ

주상……

왜 자꾸
홍국영과 노시는 겝니까!

둘이요
과외 선생

주상이 홍국영을 만난 것은,
아직 즉위하기 전의 일입니다.

주상은 막 세자가 되어,
엄한 할아버지께 공부를 배우고
있었지요.

사도세자 (영조 아들 , 정조 아빠)

아빠를 그렇게 잃고
어찌나 주눅이 들어 있던지…….

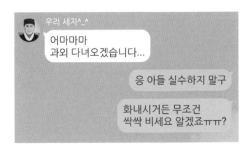

우리 세자^_^

어마마마
과외 다녀오겠습니다...

응 아들 실수하지 말구

화내시거든 무조건
싹싹 비세요 알겠죠ㅠㅠ?

그런데 그 날은,
아주 신이 나서 돌아오지 않았겠어요?

우리 세자^_^

어마마마 진짜 대.박

이번 과외선생 엄청 똑똑해요ㅎㄷㄷ
홍국영이라는 사람인데요

문학, 경제, 법 뭘 물어도
대답을 0.1초만에 하는데
지식in인줄ㅎㄷㄷㄷㅋㅋㅋ

어머 멋지네^^~

우리 세자^_^

근데 진짜 놀라운 거......
저보다 4살밖에 안 많대요ㄷㄷ

아 빨리 과외날 왔으면 좋겠어요

^^

우리 세자^_^

배틀떠야직ㅋㅋㅋㅋㅋㅋㅋㅋㅋㅋ

할아버지, 엄마, 고모…….
어른뿐인 궁에서
처음 만난 또래라 그런지,

주상이 홍국영을
처음부터 많이 따르더군요.

이성 **내일은 내가 이길 것이니라**

ㄴ 홍국영 **기대하겠습니다 저하ㅋ**

나도 기뻤어요. 아이의 기쁨은
엄마의 기쁨이니까~

이성과 @홍국영, **궁궐에서**

ㄴ 홍국영 **ㅋㅋㅋㅋㅋ**

그런데 점점,
정도가 심해지더니

종국엔 아주

홍국영 전하를 향한 제 싸랑은
100퍼센튼데♥!!!!

생 유난을
떨더군요-_-!

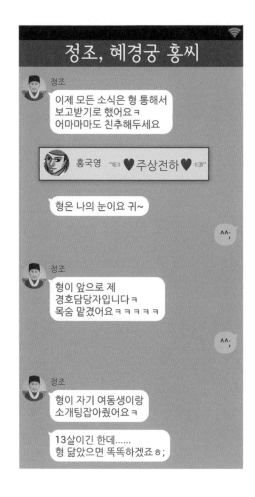

셋이요 엄마의 걱정

그래요.
친구가 너무너무
좋을 수도 있죠.

그렇다 해도……
이렇게 뭐든 막 퍼줘도 되는지?

정조, 혜경궁 홍씨

정조
이제 모든 소식은 형 통해서
보고받기로 했어요ㅋ
어마마마도 친추해두세요

홍국영 💕주상전하💕

형은 나의 눈이요 귀~

^^;

정조
형이 앞으로 제
경호담당자입니다ㅋ
목숨 맡겼어요ㅋㅋㅋㅋㅋ

^^;

정조
형이 자기 여동생이랑
소개팅잡아줬어요ㅋ

13살이긴 한데……
형 닮았으면 똑똑하겠죠ㅎ;

^^;

정조
와 저 진짜 감동

아까 대신들이랑 싸웠거든요?
1:100으로 다굴당하는데

주상, 예쁜 말^^;~

정조
죄송합니다.
심히 까이고 있었는데

형이 몸 던져서
저 카바쳐준 거 있죠ㅠㅠ?

니가 나의 오른쪽 날개다ㅠㅠㅠ!!!

……결국 참다 참다 못해,
이 어미

주상을 혼내고 말았어요.

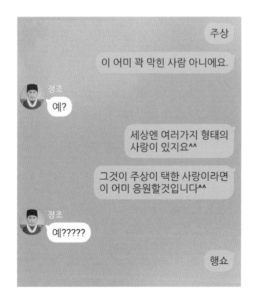

주상

이 어미 꽉 막힌 사람 아니에요.

정조
예?

세상엔 여러가지 형태의
사랑이 있지요^^

그것이 주상이 택한 사랑이라면
이 어미 응원할것입니다^^

정조
예?????

행쇼

혜경궁 홍씨,
"주상이 홍국영 아끼는 꼴이
꼭 사내가 첩에 혹한 모양이라."
화내다. -『한중록』

그리하였다고 한다.

끝.

정사 正史

실록에 기록된 것

- 정조 세손 시절, 세자 시강원 강사 홍국영을 만나다.
- 영조, 똑똑한 홍국영을 "내 손자"라며 아끼다. -『한중록』
- 홍국영, 정조와 늘 함께하다. "세손의 오른쪽 날개"라 불릴 정도.
- 정조, 즉위하자마자 홍국영을 도승지로 삼다. 홍국영에게 경호 일체를 맡기다.
- 홍국영의 여동생을 후궁으로 맞다.
- 홍국영, 권신화 해 관료들이 "홍국영에게 잘 보이지 않으면 임금에게 말조차 못 붙인다" 평하다.
- 홍국영, 겨우 서른 남짓한 나이에 사직 후 유배당하다.

기록에 없는 것 / 픽션

- 정조는 홍국영과 이름점을 치지 않았다.

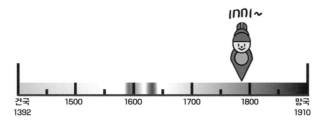

1001~

건국	1500	1600	1700	1800	망국
1392					1910

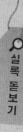

혜경궁 홍씨를 위한 변명

기나긴 조선의 역사 속에서 팔자가 각박했던 사람이 한둘은 아니지만, 혜경궁 홍씨는 그중에서도 단연 베스트 일레븐 안에 들 만한 인물이다. 그렇잖아도 힘든 생애를 보낸 그녀는 친정의 조종을 받아 멀쩡한 남편을 정신병자로 몰아 죽게 만든 나쁜 여자로까지 언급되고 있는데, 지금 사도세자와 함께 무덤에 누워 있는 혜경궁 홍씨가 들으면 관짝을 박차고 튀어나올 만큼 너무나 가혹한 말이다.

1744년(영조 20), 혜경궁 홍씨는 열 살의 나이로 사도세자와 혼인했다. 그녀는 선조의 딸 정명공주의 후손이었으니 엄밀하게 따지고 보면 왕가와 머나먼 친척 사이였다. 세자빈이란 훗날의 중전이 되어야 하는, 많은 부담과 무게가 주어지는 자리였지만 다행히 혜경궁 홍씨는 결혼생활에 적응을 잘한 듯하고, 남편과의 금슬도 좋아 짧은 결혼생활 동안 아이도 넷이나 낳았다. 사실 왕가에 시집오는 것은 영광보다는 고생길이 창창한 일이었다. 21대 종갓집인데다 제사 일정은 짱짱하게 많으며 시어머니는 후궁 포함 줄줄이 있고 시누이도 넘쳐나며 한 다리 건너 시댁 식구는 더욱 까마득하게 많았으니 아무리 잘 대해준다 한들 바늘방석이 따로 없었다. 뿐만이랴, 남편은 정서적으로 불안정해 성격이 죽 끓듯 하고 옷을 찢을 만큼 강박증을 앓았고, 사람을 죽이고 바람을 피워 댔으며 매일 술에 취해 아이들(정조와 여동생 둘)에게도 매몰차게 대했다.

그런 와중에도 혜경궁은 사도세자가 임신시키고 나 몰라라 하고 있던 궁녀를 직접 보살펴주기까지 했는데, 마음이 착해서 그랬을까? 그보다는 힘든 처지에 놓였지만 의지할 데가 없는 궁녀에게서 자신의 모습을 본 것은 아니었을까. 사도세자는 친아버지인 영조와는 사이가 극단적으로 나빴지만 장인어른이자 혜경궁의 아버지인 홍봉한과는 많이 돈독했다. 사도세자가 장인어른에게 자신의 우울증이

낫지 않는다며 살아도 사는 것 같지 않다고 하소연하고 약을 보내달라고 부탁하는 편지가 여러 통 남아 있으니, 자신의 병을 털어놓고 상담을 할 만큼 홍봉한을 믿었다는 말이다.

하지만 장인과의 돈독함과는 별개로 혜경궁도 사도세자의 폭력에 시달려야 했다. 남편이 궁인들을 때리고 죽이는 살벌한 상황에서 매일매일 아이들을 돌보며 살아야 했고, 본인도 사도세자가 던진 벼루에 얼굴을 맞아 다치기도 했다. 이런 정서적 육체적 폭력에 노출되며 살았는데 혜경궁의 정신이라고 멀쩡하기만 하다면 그게 더 이상한 일이다. 그렇게 살았음에도 사도세자가 뒤주에 들어가게 되자 혜경궁은 자살 시도를 거듭하며 슬피 통곡했다.

사도세자가 죽은 이후 혜경궁 홍씨의 처지는 더욱 힘들어졌다. 한때 폐서인이 되어 친정으로 갔다가 다시 궁궐로 돌아왔지만, 더 이상 세자빈도 무엇도 아닌 몹시 어정쩡한 처지가 되어 버렸다. 혜빈으로 봉해지긴 했지만 궁궐에 들어온 여자가 누릴 수 있는 최고의 자리인 대비가 될 수도 없게 되었다. 혜경궁 홍씨는 사도세자의 비극을 아버지와 아들 사이가 멀어진 탓에 벌어진 비극으로 보았기에 세손이던 정조를 경희궁으로 보내 할아버지의 곁에서 자라게 했다. 그래서 정조는 낮에는 할아버지 영조와, 밤에는 할머니 영빈 이씨와 함께 지내며 정을 쌓았지만 대신 어머니와는 같이 지낼 수 없었다. 또 혜경궁은 정조가 아버지처럼 될까 봐 일부러 아들에게 엄격하게 대했는데, 이것은 다른 누구도 아닌 혜경궁 본인에게 한으로 남았다. 정조가 왕이 된 이후 어머니를 극진하게 대했지만 정작 마지막에는 어머니보다 먼저 세상을 떠나 버리고 말았다.

『한중록』을 읽다 보면 때로 혜경궁 홍씨가 남편 사도세자에게 매몰찬 것 같다는 인상이 느껴지기도 한다. 『한중록』은 사관이 아닌 혜경궁 개인의 기록이다. 당연히 주관적이고 자기 변호도 섞였을 것이며 착각하거나 잘못 안 부분도 있을 것이다. 남편과 아들을 먼저 보내고 그나마 남은 친정 가족들이 겪는 고통을 지켜봐야 했던 그녀에게, 자신과 가족의 인생을 비비 꼬아 버리고 홀랑 세상을 등져 버린 남편에 대한 원망이 없다면 그 또한 사람이 아닐 것이다. 조선왕조실록

형이 어떻게 나한테 이래

얘들아
#HELP #도움

하나요 꼬꼬마 후궁

정조 (한양/남/27)

14살 연하.. / 자괴감 / 포졸아저씨 여기니라

열세 살 서딩하곤
대체 무슨 얘길 해야 함…;;?

#동공지진 #마른세수

뭐?
변태라고? 실망이라고?
아 그런 거 아니라고ㅠㅠ

둘이요

나의 오른쪽 날개

조선왕조실톡

얘♥ 국영이 형♥
여동생이란 말임……

내가 외로울 때
내 편이 되어준
#유일한 #사람 #친구.

이렇게라도
형이랑 한 가족이 되다니

참 기뻤는데…….

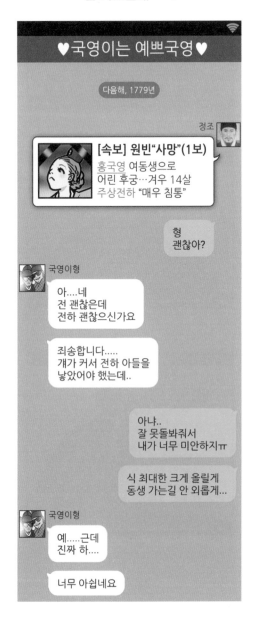

왕자 하나라도
낳고 죽지 아...

?

뭐지ㅎㅎ
왜 쎄하지?

저게 죽은 여동생과
아내 잃은 나한테 할 소린가?

ㄴㄴ아닐 거야.
형한테 딴 욕심이
있을 리가 없어…ㅎㅎ

셋이요 **장래희망 비서실세**

顔 안면장부

홍국영 @be_sun_silse_

죽은 내 동생 @원빈 마마에게
아들이 생겼어요~ @완풍군
#11살 #입양 #오늘부터_세자저하

👍 첫 좋아요를 누르시오!

꽃님 : ? 걔가 왜 세자죠

홍국영 : @꽃님 후궁아들 = 전하아들
= 세자 = 미래왕ㅇㅋ?

홍국영 : @꽃님 난 자동으로 왕 외삼촌ㅋ

왕 외삼촌ㅋ

허……ㅎ?

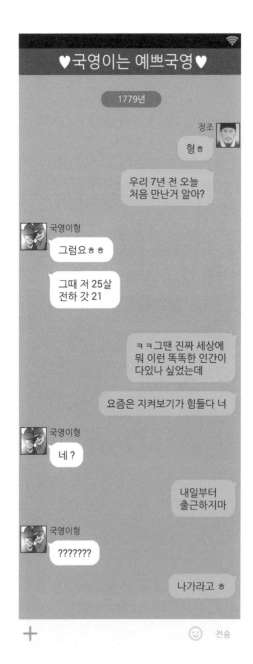

정사 正史

- 홍국영, 국정을 농단한 죄로 대소 신료들의 탄핵을 당하다.
- 정조가 세자였던 시절 시강원 관료(과외 교사)였던 홍국영. 정치적 입지가 위태로웠던 정조를 보필하다. 정조, 전적으로 신뢰하다. (21화 참조)
- 정조, 왕위에 오르다. 홍국영에게 비서실장, 경호실장, 개인주치의 역할까지 맡기다. 정조, "요즘 변비가 심하다." 홍국영, "어젠 화장실 몇 번이나 다녀오셨습니까?" 이런 대화도 서슴지 않다.
- 정조, 20대 후반이 넘도록 후계자 얻지 못하다. 대비 정순왕후, 후궁을 들이도록 하다.
- 홍국영, 아직 성인식도 치르지 않아 초야조차 치를 수 없는 여동생을 후보로 밀어넣다. 정조, "으뜸 원元"자를 써 원빈으로 봉하고, 성대한 가례를 치르다. 그러나 원빈 홍씨, 요절하다. 정조, 원빈의 장례를 담당하도록 종친 소년을 '완풍군'으로 봉하다. 원빈의 양아들, 홍국영의 조카가 된 셈.
- 홍국영, 정조가 아직 젊어 아이를 낳을 수 있는데도 완풍군을 세자로 봉하도록 하다가 미운털 박히다. "7년 전 오늘 만난 것을 기억하시는지" 운운하며 절절했으나 쫓겨나다. 서른네 살 젊은 나이에 죽다.

픽션

- 웨딩피치는 아직 없었다.

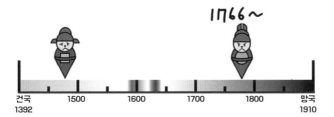

1766~

건국 1392 · 1500 · 1600 · 1700 · 1800 · 망국 1910

- 스물두 번째 이야기 -
세손의 대리청정 대작전

정조를 다룬 드라마에서는 꼭이라고 할 만큼 정조를 암살하거나 제거하려고 하는 반대파(주로 노론 세력이다)가 등장한다. 사도세자의 죽음은 정조에게는 아버지를 잃은 큰 사건이었으며 조선의 정치사에도 엄청난 일이었으니, 아버지인 왕이 후계자인 세자를 굶겨 죽인 것은 전 세계 역사적으로도 아주 희귀한 일이었던 탓이다. 그 이후 영조는 세손을 죽은 큰아들 효장세자의 양자로 입적시켜 사도세자와의 인연을 끊게 했지만 논란은 여전했다.

"죄인의 아들이 왕위를 계승해서는 안 된다. 태조의 자손이라면 누군들 왕으로 삼을 수 없을까?"

영조의 말년에는 이런 흉언이 나돌았다고 하는데 이 말을 퍼뜨린 사람이 영조의 새 왕비인 정성왕후의 오빠 김귀주 쪽이라는 소문이 파다했다.

영조에게서 정조로의 계승은 매끄럽게 이루어지지 않았으며 수많은 세력들의 정치 투쟁과 암투 끝에 겨우 성공할 수 있었다. 정조가 왕이 되는 것을 반대하는 이들이 분명 있었다. 그들은 영조가 사도세자를 죽인 것처럼 세손 정조를 쫓아낼 수도 있고, 그러면 그 공석에 자신과 친한 왕족을 앉혀 다음 왕으로 만들겠다는 야심을 품었던 것 같다.

이런 상황을 부채질한 것은 영조의 나이였다. 이미 일흔을 넘고 여든을 넘어선 영조는 당연히 심한 가래를 비롯한 노환으로 고생했고, 정신도 깜빡깜빡했다. 이미 죽은 사람을 불러오라고 명령하거나 그렇잖아도 급한 성질이 더 널뛰듯 해 신하들을 갑자기 내쫓거나 다시 불러들여 그 괴팍함이 소문이 날 정도였다.

이런 상태로 어떻게 나라의 왕 역할을 하겠는가. 이때 세손 정조는 이미 장성한 청년이 되어 있었으며 아버지 사도세자와 달리 비뚤어지지 않고 반듯하게 자라났다(기생집에 놀러 간 적은 있지만 영조에게 들키지는 않았다). 1774년(영조 50), 영조가 자신의 노환을 이유로 세손의 대리청정을 시작하려고 하자 온갖 방해가 일었다. 그 선두에 선 것은 좌의정 홍인한이었으니 "동궁은 노론, 소론도 알 필요 없고 이조판서와 병조판서도 몰라도 된다. 하여간 조정의 일이라면 전혀 몰라도 된다!"라며 승지와 사관의 붓까지 빼앗으면서 막으려 했다. 그러나 이미 모든 것은 영조와 정조가 짜 놓은 시나리오였으므로 정조는 마침내 대리청정을 시작하게 된다.

그런데 왜 다른 사람도 아닌 정조의 외종조부 홍인한이 정조의 집권을 그토록 반대했는지는 알 수 없다. 혜경궁 홍씨는 이 일에 놀라 삼촌에게 "저기요, 이거 다 사전협의 된 거예요!"라는 편지를 급히 보냈지만 홍인한은 자신의 뜻을 꺾지 않았다. 아마도 정조가 아닌 다른 사람을 왕으로 밀고자 했던 것 같다.

사실 영조의 말년에는 그가 평생 주창했던 탕평이 무색해지리만큼 온갖 세력들이 뒤엉켜 싸우고 있었다. 앞서 말한 김귀주, 사도세자의 친동생이자 영조의 극진한 사랑을 받았던 화완옹주와 그녀의 양자 정후겸, 또 혜경궁 홍씨의 외삼촌인 홍인한, 영조의 말년에 총애를 받아 옹주를 둘 낳았던 숙의 문씨와 그녀의 오빠 문성국 등이 이 싸움의 주조연들이었으며, 이들은 저 나름의 욕심과 이유로 뭉쳤다가 흩어졌다. 영조는 이들을 통제할 힘이 없었고 정치는 점점 엉망진창이 되어 갔다. 노론의 지식인이던 황윤석이 그의 일기에다 "세손께서 임금이 되시면 이 꼴이 좀 나아지겠지!"라며 기대하는 내용을 쓸 정도였으니, 노론이고 소론이고 많은 이들이 이 혼란에 피로를 느껴 그만큼 세손 정조의 시대를 기대했던 것 같다. 그리고 당시 총애하던 홍국영의 도움을 받아 무사히 즉위한 정조는 김귀주와 홍인한, 정후겸과 문씨 등 반대파들을 모두 처형하고 자신의 시대를 열기 시작했다.

조선
왕조
실록

논 ♥촉촉해♥

HYO 흙수저 심청 ㅠㅠ

하나요

사악한 범죄

나는 평범한
#흙수저 #소녀 1인
#심청

가난하지만
착하게 사는 게 자랑!
그런데…….

흙수저통

조선 후기

베프 콩쥐

쿠쿡....
친구야...

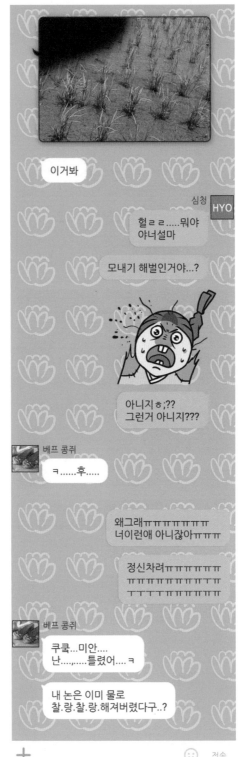

둘이요 **모내기**

야…….
니가 어떻게 이래?
모내기를 하다니…….

그거 범죄잖아……ㅠㅠ
#철컹철컹 #전모1범

모내기란 게
#물 꽉 채운 논에서
#쌀 키우는 거잖아?

그게 진짜 위험한 거래…ㅜㅜ

영조

아ㅁㅊ
모내기좀
하지 말라니깐

[경제] 수백명 굶어죽어

"몰래 모내기했다가 봉변…욕심 버릴걸"

"가뭄때매 폭망…물 없으면 끝장"
모내기하면 잡초도 사라지고
꿀 빨 수 있지만…비 좀만 안와도 망

위험하다고
몇번말해 아

♥똑쟁이♥

ㅇㅅㅇ
인생한방이죠...

모내기하면 직파보다
쌀 2배 더 많이 나온대요ㅋ

※직파법 : 벼를 물이 가득한 논에 모내기하지 않고
그냥 마른 땅에서 키우는 농사법

사람들이 왜 도박을 하겠어요

쯔
하긴

계속
금지해봤자ㅋ
쟤네들
이 할애비말
안 듣겠지ㅎ?

어차피
또하겠지?

♥똑쟁이♥
ㅇㅇ....ㅎ
허가ㄱ

😊 전송

[경제] 모내기GO…백성들 환희

아…….
그래? 저게 그렇게
좋단 말이지?

나도 해 봐야겠다……!
우리 아버지 굶고 계시니까ㅜㅜ

심청, 놀부 어르신

놀부님을 초대했습니다!

심청 HYO
저기
어르신ㅎㅎ

저 땅 쪼금만
빌려주시면 안될까요

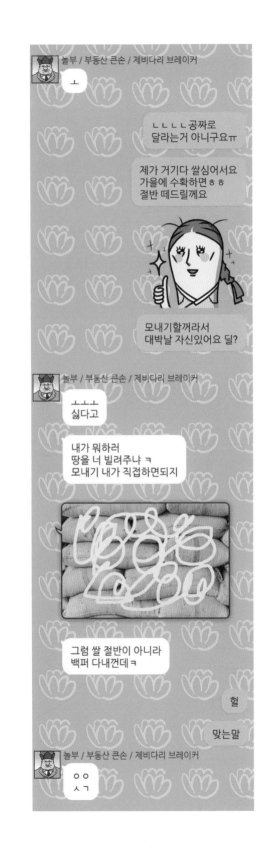

놀부님께서 퇴장하시었소!

➕ 😊 전송

"모내기 덕분에
땅 주인들 더 부자 되다."

"하지만 흙수저들은……."

중고장터

[팝니다] 15살 소녀
작성자 : 심청

가격 : 쌀 300석

집에 먹을게 1도 없네요
아버지 라식수술비도 필요해서
저 팝니다ㅋㅋㅋ

다이빙 자격증 있고요
인당수 제물 희망합니다
에눌사절

+ 헤엄쳐 나오더라도 환불불가

배고픈 건 똑같네.　　　끝.

실록에 기록된 것

- 벼를 싹 틔워 물이 가득한 논에 옮겨 심는 모내기법(이앙법), 조선 일찍이 중국에서 도입하다.
- 모내기를 하면 벼의 성장을 방해하는 잡초 씨앗이 물에 잠겨 싹트지 못하다. 그래서 농사일도 편해지고 수확량도 2~4배로 늘다.
- 그리고 벼를 논에 옮겨 심은 뒤, 벼를 싹 틔우던 땅에서 보리를 키우는 등 이모작도 할 수 있어(보리엔 세금이 안 붙었다) 백성들 모내기 선호하다.
- 하지만 모내기 특성상 물이 아주 많이 필요해, 가뭄이 들면 한 해 농사를 몽땅 망치게 될 위험이 있었다. 그래서 조선 왕들, 모내기를 "나라 망치는 도박" 취급하며 엄히 금하다. 그러나 백성들, 공공연히 계속하다.
- 영정조대, 모내기를 허락하다.
- 땅을 가진 지주들, 소작농을 쫓아내고 모내기로 재산 불리다. 빈부격차 커지다. 흙수저들, 도시로 올라와 택배 상하차, 광산일 등 알바하며 먹고 살다.

기록에 없는 것
픽션

- 라식 수술은 없었다.

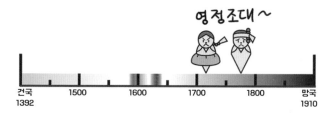
영정조대~

건국 1392　1500　1600　1700　1800　망국 1910

- 스물세 번째 이야기 -

균역의 길을 백성들에게 묻다

조선의 세금 제도로는 공납과 역이 있었다. 역은 바로 군역軍役이니 요즘 말로 한다면 국방세였다. 외적이나 반란군에게서 나라를 지키려면 군대는 꼭 필요했다. 조선은 백성들에게 세금을 물려 국방비를 충당했으며, 화폐 제도가 잘 운영되지 않았을 때 만들어진 법이라 한 사람당 군역으로 1년에 옷감 두 필을 납부하도록 했다.

문제는 오로지 양민만이 군역을 냈고 양반이나 천민들은 낼 필요가 없었다는 것이다. 그러다 보니 부유한 양민들은 야금야금 양반 족보를 사서 신분 세탁을 했고, 가난한 사람들은 천민으로 굴러 떨어져 버려 세금을 낼 수 있는 계층이 자꾸 줄어들었다. 세금은 필요한데 낼 사람이 없다면? 내고 있는 사람이 더 내는 수밖에 없었다.

그래서 백골징포이니 황구첨정 같은 문제가 나타났다. 이미 죽은 사람의 몫으로 세금이 매겨지는 게 백골징포이고, 아직 젖을 먹어 입가가 누런 어린아이를 세금 대상자로 삼는 게 황구첨정이었다. 이런 식으로 따지다 보니 세금이 눈덩이처럼 불어났고, 이에 백성들의 생활이 파탄 나게 되었다. 이 문제는 현종 때부터 꾸준히 사회문제로 제기되었지만 정치적 혼란 때문인지 이렇다 할 만한 대처가 나오지 않다가 영조가 마침내 개혁의 칼날을 뽑아들었다.

군역의 문제를 해결할 대안으로 나온 것은

1. 결포론 : 가진 땅을 기준으로 세금을 매겨 군역으로 쓰자.
2. 호포론 : 사람 숫자가 아닌 집 단위로 세금을 매기자.
3. 호전론 : 옷감은 질이 균일하지 못하니 그냥 돈으로 내자.

그런데 이 문제가 해결되는 데 가장 큰 걸림돌은 바로 양반들의 반대였다. 사실 결포고 호포고 그냥 양반들이 세금을 내기만 하면 해결될 문제였지만, 그것만은 절대로 싫다고 결사반대한 까닭이었다.

　1750년(영조 26) 5월, 영조는 이 문제를 해결하기 위해 설문조사를 했다. 먼저 창경궁 밖에서 양인 및 금군까지 더해진 '백성들과의 만남'을 주선해 "결포와 호포 중 어떤 게 좋아?"라고 물었다. 백성들은 일제히 호포가 좋다고 주장했다. 두 달 뒤인 7월, 이번에는 성균관 유생 및 양민들을 만나 호전 시행 여부를 놓고 설문조사를 했다. 유생들은 일제히 호전에 반대했고 백성들은 "호전이 좋아요!"라고 외쳤다. 신분별로 입장별로 의견이 달랐다는 것이다. 마지막으로 신하들을 놓고 "호전이 좋은 사람은 북쪽에, 싫은 사람은 남쪽에 가서 서!"라고 했다. 결과는 호전을 반대하는 사람이 더 많았으니, 결국 양반들은 결포고 호포고 다 귀찮고 내 일이 아니니 바꾸지 말자는 입장이었다.

　아무리 임금이라고 해도 이렇듯 양반 계층들이 대놓고 반대하는데 혼자만의 의지로 군역 개혁은 거의 불가능에 가까웠다. 하지만 고집왕 영조는 백성들에게 지워진 군역의 부담을 50%로 줄여 1년에 옷감 한 필씩만을 내게 했다. 그렇게 되면 백성들은 한결 짐을 덜게 되지만 나라의 재정에는 큰 구멍이 나게 되었으므로 영조는 이 구멍을 메울 방법을 생각해 내라고 신하들을 쪼았다. 그래서 이제까지 방만하던 경제 소모를 줄여 절약을 하게 되었으며 어염세 및 탈세 등을 찾아내 국고로 돌렸다. 그런 길을 거쳐 마침내 위와 같은 내용의 균역법均役法이 확정 시행된다.

　물론 균역법은 본질적인 문제 해결이라고 할 수 없었고 여전히 수탈당하는 백성들은 생겼다. 하지만 여러 대의 왕들이 손을 대지 못하던 사회적 폐단을 여론을 참작해 가며 어떻게든 해결해 백성들의 부담을 줄이려 했던 영조의 노력은 충분히 대단한 것이었고, 그래서 늘그막의 영조는 자신의 업적 중 두 번째로 균역을 고르곤 했다. 그나저나 매년 세금 낼 때마다 큼직한 옷감 뭉치를 들고 다녀야 했다니, 이제 간단하게 인터넷으로 세금을 납부할 수 있다는 것이 얼마나 다행인지 모르겠다.

하
나
요

배
시
감

니들,
믿었던 사람한테
뒤통수 맞은 적…… 있나?

나 정조의 스승이자,
내 친구였던
#홍국영

그런 그가 몰락했다.

[속보] 간신 홍국영 "유배"

[사진] 뇌물수수, 비리혐의… "부끄럽다"

네티즌 덧글 (1781개)

┗ **옥매*향님** : 와ㅋ뻔뻔ㅋㅋㅋ
　　　　　　 전하가 얼마나 아끼셨는데…

┗ **담이맘님** : 그거믿고 나댄거죠ㅇㅅㅇ
　　　　　　 사람 보는 눈좀 키우셔얄듯

그래,
그대 말이 맞다.

앞으로 무조건 갈구고,
의심부터 하리라.

오늘 신입관료 출근날이랬지?
죽었어……ㅎ

원랜 안 되지만,
냉큼 가져올 거다ㅋㅋㅋ
점수 따려고.

똑쟁아,
니도 어차피 그런 놈이야ㅎ

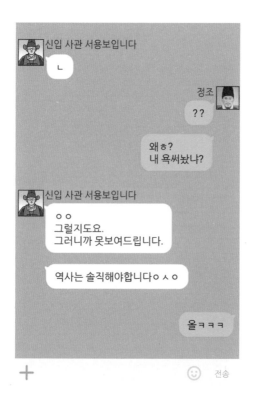

신입 사관 서용보입니다
ㄴ

정조
??

왜ㅎ?
내 욕써놨냐?

신입 사관 서용보입니다
ㅇㅇ
그럴지도요.
그러니까 못보여드립니다.

역사는 솔직해야합니다ㅇㅅㅇ

올ㅋㅋㅋ

전송

솔직히 기뻤다.
어, 이놈이라면
믿어봐도 되겠구나!

그런데.

[속보] 서용보, 비리혐의로 체포

"제2의 홍국영?"…뇌물수수, 업무태만
주상전하 "할 말 없어"

ㅋㅋㅋㅋ
ㅋㅋㅋㅋㅋㅋㅋ
ㅋㅋㅋㅋㅋ

쿡…….
내 마음엔…….
차가운 얼음이 박혔다…….

그 누구도
녹일 수 없으리…….

[하이라이트] 상처받은 남주, 궁궐에서 갑자기…

-정조 : 얼!

그렇게 사랑이
찾아온 거죠.

끝.

정사 正史

실록에 기록된 것

- 세손 시절부터 정조를 보필한 홍국영, 온갖 권세 누리다. 그러나 뇌물수수, 인사개입 등 오명을 쓰다.
- 홍국영을 내치기 1년쯤 전 정조, 스물한 살 검열 서용보 시험하다. 『정조실록』 초책을 들여오라고 명하나 서용보, "사관이 기록한 것은 임금이 열람할 수 없는 것이니, 신은 감히 명령을 봉행할 수 없습니다"라고 하다. 정조, "어린 사관이 직책을 저버리지 않았으니 가상하다" 칭찬하고 아끼다.
- 그러나 서용보, 정조가 맡긴 일을 제때 하지 않는 등 태만한 모습 보이다. 정조, 수차례 꾸중하다. 서용보, 나중에 관찰사가 되어서는 비리에까지 연루되어 고발당하다.
- 정조 10년, 성균관 우수생들을 모아 놓고 상 주는 행사 열리다. 정조, 처음 정약용을 보다. 당시 정조 35세, 정약용 25세.
- 정조, 첫눈에 #덕통사고를 당한 듯, 정약용을 자주 불러다가 시를 짓도록 하다.

기록에 없는 것

픽션

- 예의상 임금 앞에서 안경을 쓰진 못했다.

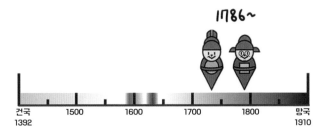

1786~

건국
1392

1500

1600

1700

1800

망국
1910

너희들 혹시 뒷공작이라고 들어봤니?

 텔레비전 드라마에서는 흔히 착한 사람이 나쁜 사람에게 억울한 고통을 당하다가 진실이 밝혀지는 과정을 거쳐 사건이 해결되곤 한다. 그러나 현실은 그렇지 않다. 특히나 정치판에서라면 말이다. 사람과 사람이 만난다면 어쩔 수 없이 벌어지는 것이 정치이다. 술수를 동원한다는 인상 때문에 정치는 나쁜 것이라는 선입견도 있지만, 어떤 일을 현명하게 결정하고 잘 진행하기 위해 정치는 필수불가결한 삶의 일부이기도 하다.

조선시대 정치의 중심에 있었던 사람은 임금이었다. 불과 몇 년 전만 해도 정조가 아버지 사도세자의 억울함을 풀기 위해 사악한 노론 벽파들과 맞서 싸웠고, 그러나 꿈을 이루기 직전 그들에게 암살당해 조선의 미래가 끝장나 버렸다는 이야기가 꽤나 널리 퍼져 있었다.

그런데 2009년, 성균관대에서 297통의 편지를 공개하면서부터 상황이 달라졌다. 이는 정조가 심환지에게 보낸 편지 묶음이었다(이외에 흩어져 있는 것까지 포함하면 350여 통이 된다). 또 꼼꼼한 성격의 심환지는 이 편지를 받았던 날짜와 시간을 편지 봉투에 차곡차곡 적어 후세의 연구자들에게 큰 기쁨을 안겨주었다.

이 막대한 양의 편지에 들어 있는 것은 정조라는 인간의 모습이다. 『실록』에 기록된 그는 그나마 왕으로서의 품위를 지켜 가며 바른말 고운말을 쓰지만 편지에서는 자연인 그대로의 모습을 드러내며 갖은 육두문자를 쓰고 있다. 대체로 우아한 초서체의 한자를 썼지만 가끔 마음이 급한데 글자가 생각이 안 나면 한글로도 썼고 꼭두새벽에 갑자기 편지를 보내기도 했다. 이런 편지의 가장 중요한 내용은 각종 정치 현안 문제의 논의였다.

앞에서 말한 대로 정조는 즉위 기간 동안 벽파들과 자주 충돌하곤 했다. 그런 벽파의 중심에 있는 것은 심환지였고, 곧 두 사람은 정적이었다. 표면적으론 말이다.

이 비밀편지는 1796년(정조 20)부터 1800년까지, 약 4년 동안 보낸 것으로 정조가 죽기 얼마 전까지도 쓰인 것들이었다. 정조는 심환지에게 상소문을 언제 올릴 것인지, 또 어떤 내용을 쓸 것인지를 모두 사전에 조율했다. 어느 때는 임금인 자신에게 올라올 상소문을 아예 자기가 쓰기까지 했다. 즉 『실록』만 본다면 심환지는 정조가 하는 일마다 목에 핏대를 세우며 반대의 목소리를 높이는 '나쁜' 벽파였지만, 실제 두 사람은 서로를 향해 '방금 연기 굿잡'이라는 수신호를 날리며 뒷공작을 하는 사이였다는 말이다.

게다가 이렇게 오래 편지를 주고받다 보면 정이 쌓이는 법. 정조는 심환지에게 "왜 요즘 편지 안 보내?"라고 안부를 묻기도 하고, 여기저기 몸이 아프다고 하소연을 하기도 하고, 다른 신하들의 뒷담화를 하기도 했다. 심환지의 아들이 과거에서 떨어지자 "300등 안에 들면 붙여주려고 했는데 안 됐더라"라며 위로인지 놀림인지 알 수 없는 편지를 보내기도 했다. 계절마다 맛있는 음식을 보낸 것은 당연한 일이었다.

그리고 심환지는 정조가 보낸 편지를 차곡차곡 보관해 두었다. 정조는 그 사실을 알고 굉장히 불편해했으며 때때로 편지를 없애 버리라고 쪼기도 했다. 하지만 심환지는 그 말을 듣지 않고 편지를 잘 보관했으며, 수백 년이 지나 그것이 세상에 드러나게 된 것이다. 심환지로서도 편지는 보험이었을 것이다. 두 사람이 겉으로는 정적인 척하며 뒤로는 손을 잡고 있었다는 사실이 밝혀진다면 어마어마한 국가 농단 사태로 번졌을 텐데, 그럼 분명히 정조는 오리발을 내밀 것이고 심환지만 피를 보았을 것이기 때문이다. 그러니 증거 겸 안전을 위한 담보로 편지를 보관하였을 테고, 실제로 그 편지는 수백 년 뒤 역사 속 악역이었던 그의 누명(?)을 벗겨주었다.

정조는 심환지에게만 편지를 썼을까? 채제공이나 여러 당대의 권신들에게 두루 갖은 수작을 다 부렸을 것이고 실제로 그런 흔적이 나타나고 있다. 이렇게 잔머리 잘 굴리는 사람을 진심으로 주군으로 여기고 충심을 다했을 몇몇 이들이 좀 안쓰러워지는 것은 어쩔 수 없다.

조선
왕조
실록

25
약용아 내 약용아

정조	♥♥♥	
정약용	열심열심	

넌 너무 똑똑해

다들 그런다.
요즘 뭐 좋은 일 있냐고.

풉······ 크흡······ ㅎ

22대 왕
정조

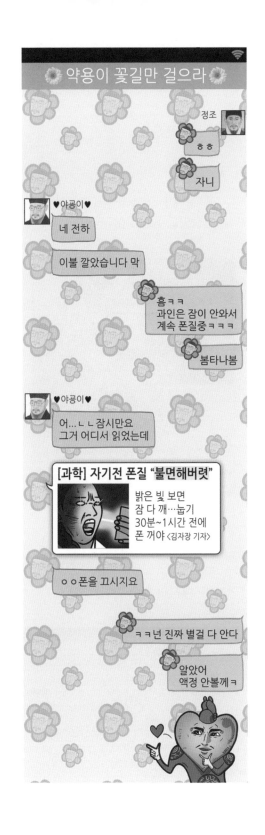

정약용 십덕이야ㅠㅠㅠㅠ

둘이요 넌 너무 머쪄

#과학, #예술 다 알고
거기다 #요리까지 잘한다??

심지어 이거 봐봐ㅠㅠ

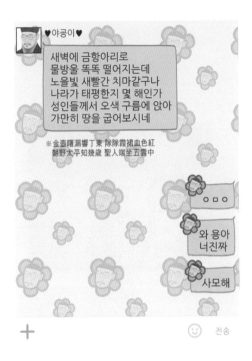

새벽에 금항아리로
물방울 똑똑 떨어지는데
노을빛 새빨간 치마같구나
나라가 태평한지 몇 해인가
성인들께서 오색 구름에 앉아
가만히 땅을 굽어보시네

※ 金壺曙漏響丁東 除除霞裙血色紅
朝野太平知幾歲 聖人端坐五雲中

암기 과목은 물론
글짓기까지 잘해 버리면…….
#말잇못

뭐 내가 뭐?
이게 무슨 괴롭힘이야ㅋ

이건 #♥사랑♥임…….

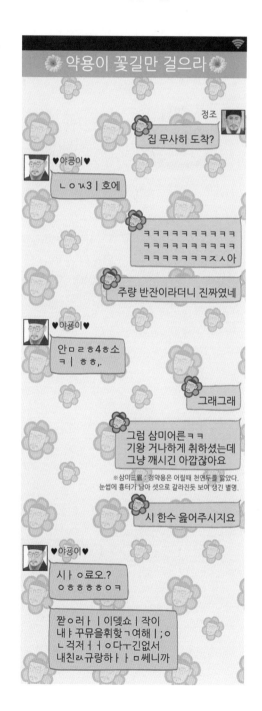

커플들 꽁냥질에
썩어 가는 도승지 폐

#서럽보이
#서럽 #서럽

끝.

실록에 기록된 것

- 정약용, 과학, 예술, 법, 문학, 철학, 종교학 등 각종 분야에 박식하다. 실학자들과 교류하며 실생활에 지식을 응용하고자 하다.
- 정조, 정약용에게 각종 중요한 임무를 맡기다. 책 교정하기, 암행어사 되어 지방 순찰하기, 심지어 미궁에 빠진 살인사건 수사하기 등. #내이름은_약용_탐정이외다
- 정약용, 그때마다 정조의 믿음에 답하듯 일을 말끔히 해내다.
- 정조, 정약용을 종종 불러내어 독대하다. 1:1 대화를 하며 문학, 정치, 경제 등을 논하다. 새벽까지 딥 토크 이어지다.
- 정조, 정약용의 글 짓는 능력을 높이 사다. 일곱 걸음 안에 시 짓기, 특정 글자가 안 들어가는 시 짓기, 도승지 입에 담배 물려 놓고 그게 다 타 들어가기 전까지 시 짓기 등 별 퀘스트를 주다.
- 정조, 약용에게 책, 활, 옷 등 하사하다. 특히 옥필통을 주던 때에는 소주를 가득 채워 원샷하게 하다. 취해서 몸도 못 가누는데 시 짓게 하다. 약용, 다음날 "뭐라고 썼는지 기억이 1도 안 난다"라고 기록하다.

기록에 없는 것 픽션

- 담배는 파이프 담배였을 듯.

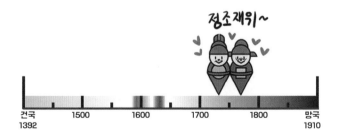

정조재위~

건국 1392 · 1500 · 1600 · 1700 · 1800 · 망국 1910

- 스물다섯 번째 이야기 -

귀농이네 집안 사정

옛날 옛적에 귀농歸農이란 아이가 살았다. 직장 그만두고 시골에 내려가 농사짓겠다고 말할 때의 바로 그 귀농 말이다. 아버지 정재원이 사도세자의 죽음을 반대하다 벼슬을 그만둔 뒤, 시골에 가서 농사나 지으려던 즈음에 태어나서 이름을 그리 붙인 것이라 했다.

그런데 귀농의 집은 굉장히 가난했다. 양반의 특권과 경제력도 벼슬을 해야만 유지가 되는 법. 귀농의 집은 내내 무관의 집안이었다가 그 아버지가 간신히 관리가 되긴 했지만 매번 외직을 나가 지방을 전전했고 벌이도 신통치 않았다. 형제까지 참 많았다. 귀농에게는 형 셋과 누나 하나, 이복형제까지 넷이나 있었으니까.

아홉 살 때 어머니가 돌아가신 이후 어린 귀농의 얼굴은 때가 끼었고 이가 득시글거려서 부스럼까지 났다. 그러면 큰형수는 빗에다 세숫대야를 들고 뒤를 쫓아다니며 귀농을 잡아다가 혼내고 놀리면서 벅벅 씻겨 집안이 떠들썩했다.

아버지는 늘 외근을 나가곤 했지만 대신 작은아버지 정재진이 아버지를 대신해 어린 귀농을 보듬어 재워줬는데, 귀농은 어린 마음에 그게 너무도 좋아 일부러 자지 않고 삼촌을 기다렸다고 한다. 가난하고 정신없고 시끄러워도 정이 넘치는 가족이었음은 분명한 사실이었으니, 이후 이 가족들은 시집가고 장가간 이후로도 서로를 챙기고 걱정하며 많은 도움을 주었다. 주고받은 편지 속에서도 그 정감을 확인할 수 있다.

그런데 이 가난하지만 행복했던 가족들은 하나같이 역사적인 인물들이었다. 우선 이 집안의 하나뿐인 딸의 남편, 즉 사위는 정약용의 선배이자 조선 최초로 세례를 받았던 천주교인 이승훈으로 한국 종교사에 이름을 남긴 사람이다. 그 이승훈의 외삼촌은 정조가 아끼고 아꼈던 천재 이가환이었다. 귀농을 잡아다가 북북 씻

기던 맏형수는 한국의 천주교 역사 기틀을 마련했던 이벽의 누이였고, 큰형인 정약현의 사위는 외국으로 편지를 보내려고 시도했다가 발각되어 조선을 발칵 뒤집었던 백서 사건의 주역인 황사영이었다.

이쯤 되면 짐작하겠지만 귀농은 정약용의 아명이다. 그의 둘째 형인 정약전은 흑산도로 귀양 갔다가 그 일대의 물고기들을 연구해서 『자산어보(혹은 현산어보)』라는 해양생물학 사전을 저술하여 자연사에 엄청난 기여를 했으며 셋째 형인 정약종은 조선 최초의 천주교 회장이 되었고, 아들 정하상 바오로는 로마 바티칸에다 조선교구의 설치를 신청했던 인물이었으며 결국엔 아내 유소사 세실리아와 딸 정혜까지 온 가족이 순교하여 천주교 성인 반열에까지 올랐다.

최대한 간단히 적기는 했지만, 이들 가족들의 내력을 분야로 따지면 정치, 종교, 철학, 과학을 아우르고 사건으로 따지자면 정치싸움에서 몰려난 남인이었으며 천주교의 수입에 기여했다. 또한 실학에 대한 관심을 가지고 그 발전에 족적을 남겼고 박해까지 겪었다. 살아생전 엄청난 부귀영화를 누리기는커녕 고생에 고초만 겪었지만 역사적으로는 정말 빵빵한 집안이었다.

이런 역사적 거물들 사이에서 보낸 농촌 소년 귀농의 어린 시절이란 어떠했을지 궁금해진다. 정씨 집안 막내아들 귀농, 즉 정약용이 어릴 때는 머리와 얼굴에 때가 덕지덕지하고 안 씻겠다고 울고불고 화내다가 혼이 나는 꼬맹이였다는 것을 잊지 말자. 그는 가난했고 벼슬길에 나가서도 온갖 고초를 겪었으며 귀양지에서 자그마치 18년을 썩는 불운을 겪었으나 그런 와중에도 연구를 멈추지 않아 법률, 행정, 의술, 경제, 철학까지 다루지 않은 분야가 없어 역사학계에 '다산학'이라는 분야가 만들어지게까지 한, 한국을 대표하는 천재학자였다.

26 정조의 사악한 형벌

하나요

부용정

서울지하철 3호선을 타고
'안국'역에서 내리면,

나 정조의 집, 창덕궁이 있다.

그 안에
예쁜 연못 '부용지'가 있는데,

과인은 이
한가운데의 작은 섬을
아주 좋아한다ㅋㅋㅋㅋㅋ

왜냐고?

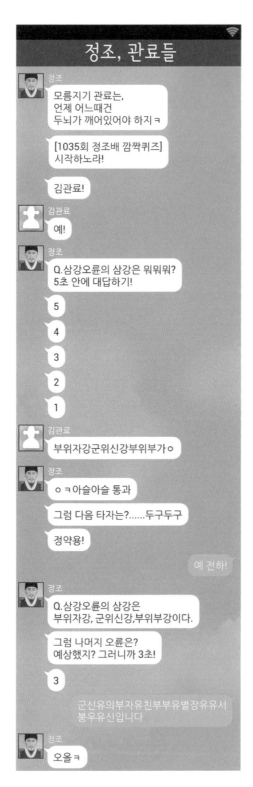

정조, 관료들

정조
모름지기 관료는,
언제 어느때건
두뇌가 깨어있어야 하지ㅋ

[1035회 정조배 깜짝퀴즈]
시작하노라!

김관료!

김관료
예!

정조
Q.삼강오륜의 삼강은 뭐뭐뭐?
5초 안에 대답하기!

5

4

3

2

1

김관료
부위자강군위신강부위부가ㅇ

정조
ㅇㅋ아슬아슬 통과

그럼 다음 타자는?……두구두구

정약용!

예 전하!

정조
Q.삼강오륜의 삼강은
부위자강, 군위신강,부위부강이다.

그럼 나머지 오륜은?
예상했지? 그러니까 3초!

3

군신유의부자유친부부유별장유서
붕우유신입니다

정조
오올ㅋ

역시 그댄 똑똑이야

정조
좋아! 이것으로
[1035차 정조배 깜짝퀴즈]를
마치겠네!

언제나 긴장 풀지말고
공부하고들 있으라ㅋ

예 전하!

김관료
예ㅠㅠㅠㅠㅠㅠ

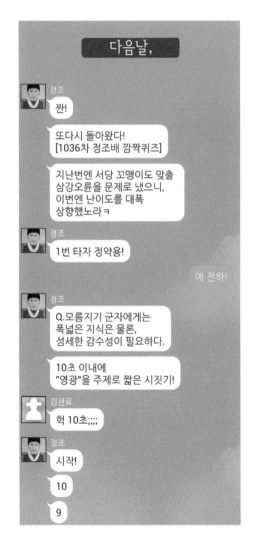

다음날,

정조
짠!

또다시 돌아왔다!
[1036차 정조배 깜짝퀴즈]

지난번엔 서당 꼬맹이도 맞출
삼강오륜을 문제로 냈으니,
이번엔 난이도를 대폭
상향했노라ㅋ

정조
1번 타자 정약용!

예 전하!

정조
Q.모름지기 군자에게는
폭넓은 지식은 물론,
섬세한 감수성이 필요하다.

10초 이내에
"영광"을 주제로 짧은 시짓기!

김관료
헉 10초;;;;

정조
시작!

10

9

8

7

무능한 나 임무수행 어렵겠지만

공정과 청렴으로 충성 바치리

주상의 격려받는 영광 누리니

어머님도 감동하여 마음 흐뭇해

정조
야 넌 진짜-_-

애가 예능감이 없어!

네?;

정조
됐다! 정약용 통과!-_-

다음 타자는……김관료!

김관료
힉;;;;;;;!!!

정조
약용이 하는거 봤지?

10초 안에 시짓기!
봄이니까 주제는 "매화"!

시작!

10

9

8

7

6

김관료
홍매화 빨간 꽃그늘 아래
가지런히 놓여있는 꼬까신
하나!

정조
5 4 3 2 1 땡!

표절금지 ㅋㅋㅋㅋㅋ

김관료 아웃!

김관료
헐ㅠㅠㅠㅠㅠㅠㅠㅠㅠ

정조
네가 감히 어명을 어기고 학문을 게을리해?

정조님께서 금부도사를 초대했습니다.

정조
당장 김관료를 유배 보내라!

김관료
끄아아아아ㅠㅠㅠㅠㅠㅠㅠ

가장 수치스런 유배

정조, 관료들

정조
ㅋㅋㅋㅋ

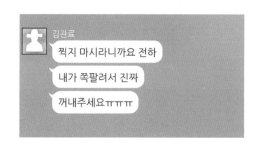

오늘도 유쾌한 하루가 저문다.

#수치플

전하,
김관료 맘에
안 드시는 것 같지?

아니아니.

실록에 기록된 것

- 정조, 관료들의 스승을 자처하다.
- 정조, 관료들의 학문을 시험하다. 성적이 좋으면 상을 내리다.
- 정조, 창덕궁의 부용지를 아지트 삼아 관료들과 공부도 하고, 술자리도 갖다.
- 정조, 시 짓기 시험을 내 제 시간에 시를 짓지 못하는 관료를 부용지 한 가운데 작은 섬에 귀양 보내다. 정조와 관료 모두 빵 터지다.
  - 『다산시문집』

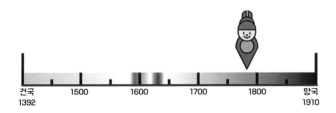

건국
1392   1500   1600   1700   1800   망국
                                        1910

- 스물여섯 번째 이야기 -

임금님의
꼴통 길들이기

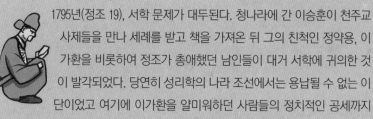

1795년(정조 19), 서학 문제가 대두된다. 청나라에 간 이승훈이 천주교 사제들을 만나 세례를 받고 책을 가져온 뒤 그의 친척인 정약용, 이가환을 비롯하여 정조가 총애했던 남인들이 대거 서학에 귀의한 것이 발각되었다. 당연히 성리학의 나라 조선에서는 용납될 수 없는 이단이었고 여기에 이가환을 얄미워하던 사람들의 정치적인 공세까지 더해지게 된 와중, 수찬의 자리에 있던 최헌중이 상소를 올렸다.

"이렇게 사악한 귀신의 학문이 조선에 들어온 것은 다 임금님 때문입니다. 임금님이 열심히 공부하고 자기 자신을 갈고 닦았으면 이런 일이 생기지 않았을 테니 임금님은 스스로 반성하고 원인을 찾아보세요. 임금님은 공부가 아직 부족해요! 마음이 순수하지 못하니까 고치세요! 서학들은 다 소탕해 버리고요!"

상소문이라지만 근거는 빈약하고 논지는 엉망인, 그냥 인신공격이었거늘 여기에 대한 정조의 답변이 뜻밖이었다.

"나더러 내 모자란 점을 반성하고 공부 열심히 하라고? 우와, 올린 글을 보니 구구절절 다 맞는 말이라서 꼭 사이다 마시는 것 같네?"

그러고선 최헌중을 덜컥 대사헌으로 임명했다. 대사헌은 조선의 언론을 쥐락펴락하는 사간원의 대장으로, 이와 관련된 관리들의 인사권까지 가지고 있는 매우 중요한 자리였다. 즉, 최헌중이 맡을 만한 자리는 아니었다. 시파와 벽파를 막론하고 "임금님, 걔는 좀 아닌데요!"라고 반대했지만 정조는 최헌중을 처벌하라는 상소를 쓴 신하를 유배 보내게 했다. 그러면서 한 말이 백미였다.

"최헌중, 걔가 날 정말 놀리려는 심보였어도 그건 제 생각이지, 내가 무슨 상관이야?"

그러자 최헌중이 오히려 조심스럽게 사직서를 내밀었다. 자기가 좀 심했던 것 같다, 대사헌은 자기가 맡기엔 좀 과한 것 같다며 사양한 것이다. 그러나 여기에 대한 정조의 대답이 또 굉장했다.

"응? 널 위해서 그 자리 준 건 아닌데? 만약 네가 찌질한 의도로 장난치려고 적당히 지른 거라고 해도, 일단 상소해서 나한테 접수되었다면 네 심보랑 상관없이 그 말만은 잘 들어줘야지. 그리고 네가 쓴 상소에는 그런 나쁜 내용도 전혀 없잖아? 너는 나한테 좋은 이야기만 하는데 네가 어떻게 나쁜 놈이겠어? 사직하지 마."

참 이상한 일이다. 분명 한자로 쓰인 기록에다 수백 년 전의 글인데도 읽다 보면 그 말을 한 사람의 등 뒤에서 새까만 기운이 무럭무럭 솟아나는 게 선명하게 보일 정도이다. 결국 벽파의 대표적 인물이자 정조의 펜팔 친구였던 심환지가 최헌중 대사헌 임명을 반대할 정도에 이르렀고, 그러자 정조는 신하들을 불러 놓고 "내가 최헌중에게 보낸 답변을 보면 내 진심을 알 텐데?"라며 직접 답을 읽게 했다.

상소를 올린 지 14일째인 8월 9일, 정조는 최헌중을 황해도 중군中軍으로 삼았다. 대사헌이 되라는 명령을 거절했다는 이유에서였다. 아무리 자신에게 심한 말을 한 사람이 얄미웠다곤 하지만 대사간의 자리를 가지고 나라를 들었다 놨으니 참으로 대단한 성질머리라고 해야겠다. 정조의 가정환경 및 성장 과정을 생각하면 성격이 비뚤어진 것도 부자연스러운 일은 아니지만, 그래서 채제공은 정조에게 너무 신하들을 괴롭히지 말라고 권하기도 했지만, 정조는 자기 마음대로 하겠다며 고집을 꺾지 않았으니 신하들은 언제나 마음을 졸여야 했을 것이다. 조선왕조실록

정조와 로맨스 소설

 김조순　　　유치하긴

 후배　　　　존잼♥

 정조　　　　읽지좀마

하나요 숙직

나는, 초보 관료 김조순.

오늘은 직장 후배와 궐에서
숙직이다. 힘들다······.

3년차
김조순(33)

근데 얜 어딜 갔어?

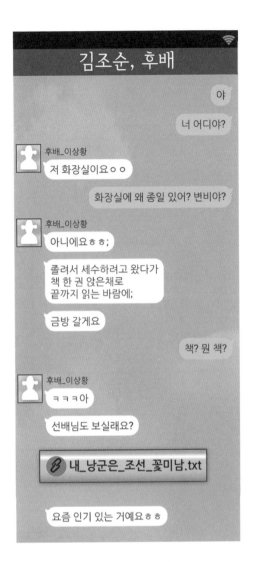

야

너 어디야?

후배_이상황
저 화장실이요ㅇㅇ

화장실에 왜 종일 있어? 변비야?

후배_이상황
아니에요ㅎㅎ;

졸려서 세수하려고 왔다가
책 한 권 앉은채로
끝까지 읽는 바람에;

금방 갈게요

책? 뭔 책?

후배_이상황
ㅋㅋㅋ아

선배님도 보실래요?

📎 내_낭군은_조선_꽃미남.txt

요즘 인기 있는 거예요ㅎㅎ

내_낭군은_조선_꽃미남.txt

"야 예쁜이ㅋ너 내꺼해라?"

펑.여.형!;;;
핏줄이 보일 듯한 그의 깨끗한 피부와
여자보다 붉은 입술에, 나는 잠깐 눈이
멀었다. 미쳤어....어쩜 저러케 잘생겼지??;;

하지만...말투가 재수없어-.-!

"니...니가 몬데..요? 시른데...요?;;"

패관문학이 뭔가?

[패관문학]
글쓴이의 창의성이 가미된 글.
수필, 판타지, 로맨스 소설. cf.인소

하도 저속하여, 주상전하께서는
손도 안 댄다는 바로 그!

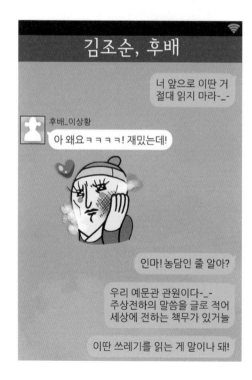

김조순, 후배

너 앞으로 이딴 거
절대 읽지 마라-_-

후배_이상황
아 왜요ㅋㅋㅋㅋ! 재밌는데!

인마! 농담인 줄 알아?

우리 예문관 관원이다-_-
주상전하의 말씀을 글로 적어
세상에 전하는 책무가 있거늘

이딴 쓰레기를 읽는 게 말이나 돼!

후배_이상황

선배님;;

먹는 게 살이 되는 것처럼
읽는 게 내 생각이 되는 거다.

심심풀이로 읽어도 천박함이
가슴에 남고 글에 드러남을 왜 몰라?
선비한테 이런 건 독이야 독!

 후배_이상황

죄송합니다

너 그딴식으로 일할거면 그만둬라.

나 군기 빠진 놈이랑 일 같이 못한다.

 후배_이상황

정말 죄송합니다.
삭제하겠습니다.

-_-

이번만 봐주는 줄 알아

 후배_이상황

옙 잘못했습니다.

근데 진짜 이해가 안 가네.

클리셰 범벅에 엉성한 캐릭터에......
이딴 게 뭐가 재밌다고-_-

 후배_이상황

ㅎㅎ;

"야 예쁜이, 너 내꺼 해라ㅋ?"

우웩

첫문장만 봐도 손발이
오그라드네......

조선왕조실톡

그로부터 얼마간의 나날이 지난,
어느 날.

김조순, 정조

주상전하
여 김조순

어제도 숙직이었지? 고생했다ㅎ

> 아닙니다 전하.

주상전하
힘들었지?

> 괜찮습니다 전하.

주상전하
아냐 힘들었을거야ㅋ
얼마나 피곤했겠어.

내
낭군은
조선
왕패짱

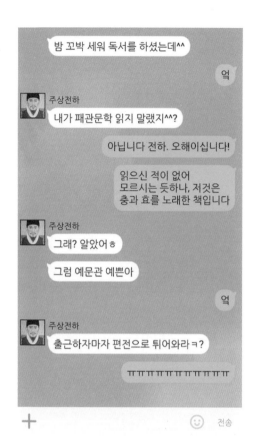

[문체반정]

자유롭고 참신한 소품체(소설체) 문장이 유행하자,
정조가 패관문학을 금한 것.
소품체로 쓴 과거시험지는 점수도 깎았다.

시험 답안을
소설체로 쓴 게 더
대단하다.

끝.

실록에 기록된 것

- 정조 11년, 서른세 살 예문관 문신 김조순과 스물다섯 살 이상황, 숙직을 서다.
- 숙직 중에 심심했던 둘, 밤새 『평산냉연』을 비롯한 중국 소설 및 통속소설(패관문학) 읽다. 『평산냉연』은 미녀, 미남이 나오는 로맨스 소설.
- 평소 유능한 김조순을 아낀 정조, 그것을 알고는 노발대발하며 그 둘을 처벌하다. 김조순에게는 반성문을 쓰라고 하다.
- 정조, 패관문학을 금하고 소품체로 글 쓰는 관료 및 유생들을 혼내다. 소품체로 과거 답안을 쓴 합격생에게 꼴찌 점을 주다.
- 당시 인기 있는 소설들은, 원본을 손으로 일일이 베껴 쓴 필사본(텍본) 형태로 유통됐다.

기록에 없는 것
/픽션

- txt파일은 없었다.

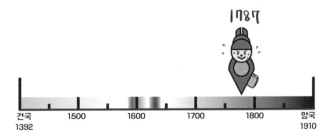

1787

건국
1392　　　1500　　　1600　　　1700　　　1800　　　망국
　　　　　　　　　　　　　　　　　　　　　　　　　　　　1910

정조는 소설을 싫어해

문체반정이란 '반정反正'의 단어 뜻대로 잘못된 문체를 고쳐 바르게 만든다는 뜻이다. 이 즈음에는 중국을 통해 소설(패관)체라는 것이 등장했다. 마냥 딱딱하게 옛 성현의 말씀을 늘어놓는 것이 아니라, 어깨에 힘을 풀고 대화하듯 쓰는 글이 나타났다는 것이다. 그런데 이런 소설체가 경박하고 나쁘니 원래의 순수한 어렵고 딱딱한 문체로 돌아가자고 한 것이 문체반정이다.

문체반정을 놓고 두 가지 시각이 있다. 하나는 정치사 쪽 시각인데, 문체반정은 당시 개혁을 하려던 정조가 사람들의 관심을 돌리기 위해 만든 이벤트였다고 보는 것이다. 반면 국문학 쪽에서는 조선에서 막 싹트고 있던 생기발랄한 문체가 탄압을 받아 쇠퇴한 사건으로 보고 있다.

양쪽 다 일리는 있다. 효종의 왕비 인선왕후가 딸들과 소설책을 돌려 볼 정도로 소설이 조선에 들어와 퍼진 지 수백 년이 지나 있었고, 많이들 읽다 보니 영향을 받아 쓰는 글에도 변화가 오는 것은 자연스러운 이치. 그런데 조선은 성리학 꼰대들의 나라였고, 여기에 이단인 서학西學 문제까지 엮이면서 소설체는 사회적 지탄의 대상이 된다. 문제는 그 비난의 대상이 되었던 것이 정조가 아끼는 신하들이었다는 점이다. 정조가 예뻐하던 초계문신들과 당대 최고의 수학, 천문학의 천재였던 이가환의 문체가 나쁘다며 비난 상소가 올라오자 정조는 적극적으로 그들을 감싸고 나섰는데 그 하는 말이라는 게 참 기발했다.

"이가환이 어릴 때 워낙 불우하게 살아서 문체가 그렇게 되어 버렸어. 내가 명색이 임금인데 그런 '못난' 백성들도 잘 보듬고 잘 가르쳐서 좋은 길로 가게 해야 하지 않겠니. 걔는 못 고치더라도 걔 후손쯤 되면 성공하지 않을까?"

그러니까 '어리석은 백성들'마저 챙기고 좋은 길로 이끌려는 임금의 큰 뜻을 몰라주는 거라며 비난을 원천적으로 차단하는 한편, 비난 상소를 모두 불태워 버리게 했다.

그러면서 정조는 자신이 총애하는 신하들도 가차 없이 처벌하고 야단을 친다는 사실을 강조하고 소설체에 물들었던 이상황, 남공철, 김조순, 심상규에게 반성문을 쓰라 명했다. 그리고 그 반성문을 조보에 실어 조선의 모든 사람들에게 보였으며, 그중에서도 김조순의 반성문을 제일 잘 쓴 것으로 골라 칭찬을 마지않았다. 칭찬을 하는 건지 야단을 치는 건지 잘 알 수 없을 지경이었다.

정조의 문체반정은 여기서 멈추지 않았고, 연암 박지원이 그의 마지막 타깃이었다. 문체 때문에 반성문을 쓴 남공철이 당시 시골에서 원님 노릇을 하고 있던 박지원에게 정조의 편지를 전해주었다.

"『열하일기』가 유명해진 다음에 문체가 이렇게 되었으니까 책임을 져야지? 반성문 쓰는 거 어때? 그럼 홍문관의 제학 자리 줄게."

박지원은 과거를 보지 않았던(못했던) 인물이었으니 참으로 파격적인 제안이었는데, 조선 최대의 베스트셀러 『열하일기』 작가에게의 대접으론 부끄럽지 않다 하겠다. 이 제안에 대한 박지원의 답장 내용은 날카로운 해학을 보였던 그의 책과는 정반대로, 젊은 날의 실수이며 다시는 안 그러겠다는 둥 무척 소심하며 비굴하기까지 했다.

문체반정은 반정이란 이름이 붙기는 했으나 심한 처벌을 하지는 않았다. 개중에도 군대 두 번 끌려갔다 오고 벼슬길도 막힌 이옥 같은 경우도 있기는 했지만 말이다.

그러나 그 피해는 분명히 있었으니, 막 유입된 새로운 문화가 문체반정의 벽에 막혔고 책들은 불태워졌으며 조선 사회는 변화를 거부하는 방향으로 흘렀다. 그 결과, 많은 사람들이 지금까지도 한탄하는 조선의 근대화, 혹은 서구화 역시 발목이 잡히게 되었으니 과연 이것은 비극이었을까 희극이었을까. 어쨌든 문체반정은 실패로 돌아갔고 지금 우리는 정조가 싫어해 마지않았던 자유로운 문체의 시대에 살고 있다.

조선
왕조
실록

갑돌	에퇴퇴퇴
갑순	에퉤퉤퉤

하나요
퇴
짜

#뒹굴뒹굴

갑순이(양인, 17세)

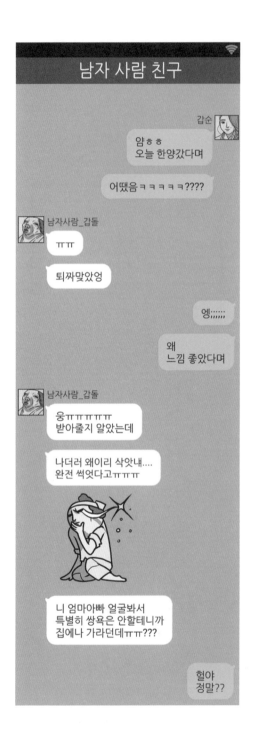

???

조선 초기엔
#화폐를 거의 안 썼다.

그래서 세금도
먹고, 입을 수 있는
#물건으로 냈다.

옷감   새우젓   쌀

그런데
받아줄 수 없을 만큼
물건 품질이 나쁘면

관료는
"도로 갖고 가라"며
'퇴退' 자를 찍었으니.

셋이요

툇

"바칠 물건들
애써 준비했는데ㅠㅠ"
"팅기다니ㅠㅠ"

슬펐던 백성들,
#퇴짜맞다를
일상에서도 쓰기 시작했으니.

남자사람_갑돌

얌
나 퇴짜맞아써ㅋㅋ

갑순

ㅇㅅㅇ???
또 새우젓 썩은거
가져갔어??

남자사람_갑돌

아니
그거말구ㅎㅎ

?훔

아맞다
니어제

人數多口來門

갑돌 @best_stone

내일 소개팅...ㅠ 코디 어떤가요
#패션내시 #발내타인대이 #화이투대이
#임자와_보내고파 🖤 #도와줍쇼

🖤 첫 좋아요를 누르시오!

갑순 : 섹시컨셉 오지다
갑돌 : @갑순 유일 비단옷ㅠㅠ돌잔치때..

ㅎㅎ잘됨??

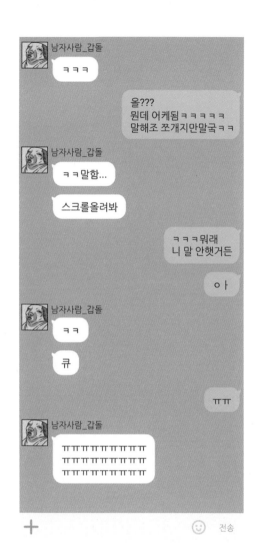

[퇴짜退字맞다]

'물건이 형편없다'였으나
#이성에게_차이다 #불합격하다 등
다양한 뜻으로 쓰이다.

실록에 기록된 것

- 세금으로 걷는 상품, 중국에 바칠 조공, 수출할 물건, 임금께 드릴 약재 등 물건의 상태가 안 좋을 경우, '퇴退'하여 도로 가져가도록 하다.
- 글자를 쓰거나 점을 찍는 등(점퇴) 다양한 방법으로 퇴짜를 놓다.
- 그러나 관료, 향리들이 뇌물을 노리고 멀쩡한 물건에 억지로 퇴짜를 놓는 일이 빈번하자(공납제의 폐단) 조선 왕들, "퇴짜 놓을 땐 신중하라"며 번번이 명하다.
- 하지만 '퇴짜 놓는' 비리가 그치지 않자 세금을 쌀, 돈, 옷감으로만 받는 대동법 시행하다.

기록에 없는 것 픽션

- 10000mAh 보조배터리는 없었다.

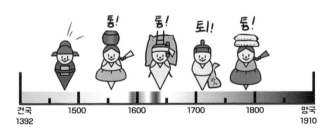

| 건국 1392 | 1500 | 1600 | 1700 | 1800 | 망국 1910 |

모든 길은 서울로 통한다

 정조가 죽은 뒤, 신유박해로 집안이 완전히 풍비박산 나고 본인도 귀양살이를 하던 정약용은 자신의 처지를 한탄하면서도 자식들을 다독이며 편지를 썼다. 그중 한 가지 내용은 아무리 가난하고 힘들어도 꼭 서울에서 살아야 한다는 것이었다.

"지금 내가 죄인이고 너희들을 시골에서 살게 했지만, 오직 서울에서 10리 안팎만이 살 수 있는 곳이다. 만약 집이 가난해서 서울 한복판으로 들어가 살 수 없다면 외곽에서 과일과 채소를 키우며 살다가 재산이 생기면 바로 도시 한복판으로 가야 한다."

어째서 정약용은 서울 생활을 고집했을까? 당연하지만 부동산 투기나 학군 때문은 아니었다. 그가 이유로 든 것은 "문화文華의 안목을 잃어버리면 안 된다"는 것이었다. 서울은 조선이 건국한 이래로 300년 넘게 수도였으나 이 시기를 거치면서는 진정한 조선 문화의 메카로 거듭나게 되었다.

당연한 일이었다. 임진왜란, 병자호란 시기만 하더라도 조선은 화폐가 쓰이지 않을 정도로 경제 규모가 작고 교류도 드물었다. 그런데 조선 후기에 대동법, 균역법 등이 시행되며 세금 부담이 줄고, 모내기가 대중화되며 농사에 드는 수고가 줄고 생산량이 늘어났다. 먹고살 만해지자 자연스레 인구가 크게 늘어났는데 정작 농업을 비롯한 전통 업종에서는 일자리가 늘어나지 않으니 실업자가 생겨났고, 이들이 일자리를 찾아 서울로 올라오며 대도시가 만들어졌다.

여기에 더해 화폐가 쓰이고 생활이 윤택해지니 취미 생활이 생겼고, 중국에서 수입한 자명종이나 안경 등 신기한 물건이며 각종 서적, 그림 등 사치스러운 수입품들이 서울에 도입되었다. 우리가 알고 있는 조선 후기의 문화 융성은 바로 이러한 사회적인 변화를 바탕으로 이루어졌다. 정약용은 바로 이런 시대의 흐름에 뒤

처지면 안 된다고 여겼기에 자식들에게도 서울에서 살라고 말한 것이다.

이런 상황이 계속되자 조선이라는 나라의 체질까지 크게 바뀌게 된다. 원래 조선은 유교의 나라였다. 조선시대 명종 때부터 현종 때까지 조선의 정신적인 지도자로서 정치에서 큰 역할을 한 사람들은 시골에 사는 유학자 산림山林이었다. 퇴계 이황이나 남명 조식이 그랬으며, 시대가 흐른 뒤에는 우암 송시열이 그랬다. 이런 산림들은 서울에 때때로 올라오긴 했지만 도성에 있는 것을 부끄럽게 여기고 늘 시골로 내려가 그곳에서 학문을 연구하며 살았다. 산림들의 제자가 되기 위해 젊은이들은 산림이 살던 곳까지 내려갔고, 이런 스승과 제자의 관계를 통해 학파 및 정치세력이 형성되기까지 했다. 산림과 그들의 제자들이 서로 박터지게 싸운 것이 지난 100년 간의 당파싸움과 예송논쟁 아니었던가.

그런데 서울이 경제와 문화의 중심지가 되며 산림의 위세도 꺾인다. 아무리 지방에서 날고 긴다고 해도 이제 그런 이들은 큰 흐름에서 벗어난 우물 안 개구리가 되었고 예전처럼 목소리를 낼 수 없게 되었다. 그 빈자리를 채운 사람들이 대대로 서울에 살며 조정의 높은 벼슬자리를 독점하고 온갖 문화를 향유하며 임금을 보좌하는 양반들이었으니, 이들을 경화사족이라고 했다.

가장 대표적인 가문이 병자호란 때 국서를 찢었던 김상헌의 후손이자 숙종, 경종 시기 노론의 지도자였던 김수항, 김창협의 후예이기도 한, 그리고 정조의 총애를 받아 사돈까지 되었던 초계문신 김조순의 일가인 안동 김씨였다(안동 김씨 중에서도 서울 장동에 자리 잡은 이들이라 해서 따로 장동 김씨라고 부르기도 한다). 이런 경화사족들은 영조나 정조처럼 현명하고 의욕적인 임금의 아래에서는 탕평의 주축이 되며 정치의 균형을 잡는 데 기여했지만, 역량이 모자란 지도자를 만나자 조선의 멸망을 부른 세도정치의 주인공이 되어 버렸다. 조선왕조실록

CEO 김만덕   할수있다

정조   와씨박수

하나요 제주도 고아 소녀

펜안하우꽈?
나는 김만덕. 열두 살.

가족은……
우리 명월이 할머니, 하나.

顔 안면장부

퇴기 명월이 @grandma_gisaeng
제주도에서, 모바일

우리 @만덕이~곱다~~^^
이 #제주도 제일가는 기생이 되거라~~

친할머니 아냐.
날 주워다 키워주셨어.

그래서……
기생직업 물려받아서
효도해야 하는 건 아는데…ㅠ

"저 믿고 살게요!"
나, 결국
스무 살에 뛰쳐나왔어.

근데ㅠㅠ 진짜 뭐하고 살까?

여긴 제주도니까……
오호랏!

★★★☆☆ 적같은 본오본오 거슬려요
★★★★☆ 근데 귤은 진짜 맛있음

몇 년 후,

★★★★★ 말꼬리털 최고 차르르함
★★★★★ 믿고사는 만덕몰

그리고 결국 난!

으흐하하   ㅋㅋㅋ
뺨 근육 경련 보소ㅋㅋㅋ

웃긴다ㅋㅋㅋㅋㅋ

음???

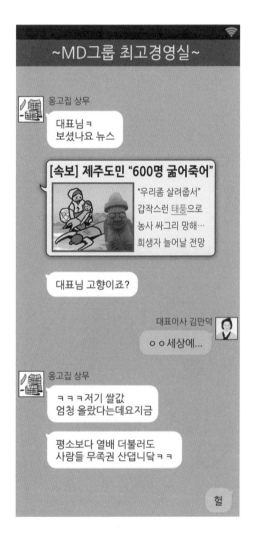

~MD그룹 최고경영실~

옹고집 상무

대표님ㅋ
보셨나요 뉴스

[속보] 제주도민 "600명 굶어죽어"

"우리좀 살려줍서"
갑작스런 태풍으로
농사 싸그리 망해…
회생자 늘어날 전망

대표님 고향이죠?

대표이사 김만덕

ㅇㅇ세상에...

옹고집 상무

ㅋㅋㅋ저기 쌀값
엄청 올랐다는데요지금

평소보다 열배 더불러도
사람들 무족권 산댑니닼ㅋㅋ

헐

조선왕조실톡

김만덕,
자기 쌀 450섬을 내놓다.

#고마워요_만덕회장님

죽어가던 제주도 백성들을 살리니,

**그 숫자 자그마치
1,100명이었다.**

ㅋㅇㅇㅇㅇ.

멋있어ㅠㅠ
끝.

정사 正史

- 양인의 딸로 태어난 김만덕, 열두 살에 어버이를 잃다. 오빠 둘은 목동이 되어 막일을 하고, 만덕은 은퇴한 기생에게 맡겨져 크다.
- 만덕, 스무 살에 제주목사에게 호소해 다시 양인이 되다. 장사 시작하다.
- 만덕, 제주도 특산물을 육지에 팔다. 귤, 해초, 말총(말 꼬리털) 등. 특히 말총은 망건과 갓끈을 만드는 재료라 불티나게 팔리다. 만덕, 물자 유통계의 큰손이 되다.
- 1795년(정조 19) 태풍이 제주도 강타하다. 농사 완전히 망하다. 심지어 나라에서 보낸 구호식량을 실은 배조차 침몰해 버리다. 제주도 백성들 굶어 죽어가다.
- 김만덕, 급히 자기 장삿배를 가져다 쌀을 제주도로 실어 오다. 억대 값어치인 450석을 제주 관아에 바쳐 구휼에 쓰도록 하다.
- 정조, 만덕에게 상 주려 하나 사양하다. 단 만덕, "제주도민은 섬을 나가는 게 불법인지라, 금강산을 보고 죽으면 소원이 없겠습니다" 하다. 정조, 관직을 내리고 정승 채제공에게 관광 가이드 시키다.

참고

- 만덕은 금강산에 가기 전까지 한 번도 제주도를 떠난 적이 없었다고.

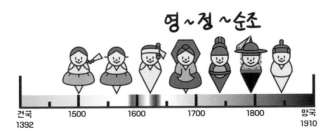

영~정~순조

건국 1392   1500   1600   1700   1800   망국 1910

- 스물아홉 번째 이야기 -
돈놀이가 최고

1796년(정조 20), 임금의 허락을 받은 김만덕은 배를 타고 서울로 향한다. 그녀는 재상인 채제공과 만나고 내의원 의녀로 임명된다. 웬 의녀? 하겠지만 여자의 관직이 없었던 시기였으니 김만덕에게 줄 수 있는 명예관직은 이것뿐이었을 것이다. 그리고 관리나 양반들에게나 가능했던 각종 역마 및 식사 제공의 편의를 받아 가며 럭셔리 금강산 여행을 다녀왔다. 당시 제주도에는 불교가 전해지지 않았던 터라 김만덕은 금강산의 절을 찾아다니며 불상에게 간절히 기도를 올렸다고 한다.

김만덕이 누린 영광은 이뿐만이 아니었다. 그녀가 굶주린 백성들을 구한 일은 조선 안에 널리 소문이 나서 그녀를 만나 보겠다고 찾아온 사람들이 구름과 같았다고 한다. 그리고 다시금 제주도로 떠나는 김만덕에게 당대의 내로라하는 문인들 30명이 자작시로 문집을 내주었는데, 그중 한 사람이 바로 정약용이었다. 그녀의 일생을 글로 적은 『만덕전』을 써준 이가 바로 재상 채제공이었으니, 당시의 양인 여인으로서는 최고의 영광을 누린 셈이었다.

그렇긴 한데 심노숭이 쓴 『계섬전』에는 이렇듯 영광스러운 김만덕의 어두운 그림자가 기록되어 있다. 그에 따르면 김만덕은 몹시 음흉해서 사람의 돈을 보고 들러붙어 쪽쪽 빨아낸 다음 돈이 없어지면 내버렸다는 것이다. 얼마나 악독한지 바지저고리를 모두 빼앗아 가 무려 수백 벌의 바지를 모아 둔 콜렉터이기까지 했다고 한다. 많은 상인들이 제주도로 장사하러 갔다가 김만덕에게 걸려 전 재산을 빼앗기고 알거지가 되는 일이 허다했다던가. 그럼 그렇게 인색하고 인정사정없던 김만덕이 어째서 굶주린 백성들을 위해서 자신의 재산을 선뜻 내놓았을까? 동정심이나 측은지심의 발로가 아니라 서울 구경을 하고 싶어서 그랬다는 것이 심노숭의 주장이었다.

심노숭은 이런 이야기를 제주도의 목사로 일하던 아버지에게서 직접 들었다고 한다. 아주 근거 없는 말은 아닐 수도 있다. 조선시대 양인 여성이 부모의 도움 일절 없이 맨손으로 일어나 사업을 일으키는 동안 어떻게 깨끗하고 좋은 방법만 썼을까 싶다.

그럼 김만덕은 나쁜 사람이었는가? 그렇지만은 않다. 돈이나 물건을 빌려준 뒤 이자를 쳐서 받아 수입을 늘리는 사채는 조선시대 여성들의 주요 직업 중 하나였다. 여자들의 사회활동이 엄격하게 금지되던 때였지만 만덕처럼 싱글이거나 사별 등으로 남편을 잃은 여성들은 어쨌든 먹고 살기 위해 일을 해야 했다. 조선시대에 여자들이 할 수 있는 일로 가장 흔하고도 고생스러운 것으로 삯바느질과 삯빨래, 그 외에 술과 안주를 파는 주모가 있었고, 그리고 채대債貸 즉 사채업이 있었다.

때로는 결혼한 여성들도 사채업으로 뛰어들었기에 정조 때의 이덕무는 "돈놀이는 현명한 부인이 할 일이 아니다"라며 목에 핏대를 세웠다. 돈 빌려주고 이자를 불리는 것부터가 의롭지 못하고, 제때 갚지 못하면 사람을 몰아세우며 악담을 한다고 비판했다. 마침내는 관청에다 소송을 걸어 빚진 사람이 땅을 팔고 집을 팔아 쫄딱 망하게 하고, 나중에는 형제 친척들에게도 돈을 빌려줘서 이익에 눈이 멀어 화목함을 다 망친다고도 비판했다.

그러나 이런 이덕무의 말을 뒤집어보면 참 많은 여자들이 사채업에 종사했다는 말이다. 실제로 조선시대 때 발견된 문서 중에서는 돈 빌려준 사람 명의가 여자인 경우가 있다. 물론 옛날이나 지금이나 돈놀이는 상스러운 일로 여겨졌고 못된 일이란 비난을 들었다. 그러나 벼슬을 할 수도 없고 자유로이 세상에 나갈 수도 없었던 여자들이 고수익을 올릴 수 있었던 드문 직종 중 하나였던 것은 부정할 수 없다. 더군다나 그녀의 의도가 무엇이었건 그렇게 악착같이 긁어모은 돈을 굶주린 백성들을 위해 아낌없이 나누어 주었다는 사실에는 변함이 없다. 나라가 제때 못한 일을 일개 개인이 해냈으니 그 행위는 칭찬받아 마땅한 게 아니겠는가.

	솔로들	냅둬좀
	경국대전	(오지랖)

하나요

홀리데이

조선 후기,
크리스트교가
들어오기 전까지,

#성탄절은 없었다.

아싸아싸★해피 휴가데이

대전 박상궁

야근끝 / 24-25일 겨울잠 / 깨우면 문다

하지만 12월말
동지冬至를 전후로

백성들은 꿀 같은
#연말휴가를 즐겼는데.

둘이요

천재지변

조선시대,
사람들은 결혼 못한
#솔로들을 동정했다.

심지어
두려워하기까지 했으니.

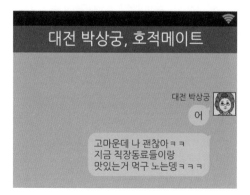

국가적 오지랖

거기다
한술 더 떠,

나라에선 #법으로
솔로들을 압박했다.

```
지식人 법률검색 - 혼인

    선비의 딸이 가난하여
나이 서른이 넘도록 시집을 못간 경우,
     그 아비를 처벌하라.

      [경국대전 經國大典]
```

세종 2탄이라 불린
성군,
9대 왕 성종은 특히

백성들 결혼에
관심이 많았으니.

성종

흠ㅎㅎ
박승지

자네 혼인했어?

승정원 박승지

아뇨
저 아직

일도 너무 바쁘고...
준비가 안된것 같아서요

성종

ㅎ하여간
요즘 젊은것들
소심해서~

인생이란게 말야~
반려자가 있어야 완성되는거야~

서로 미워도 감싸주고~
설사 잘못해도 용서해야~
나같은 진짜 어른이 된다고ㅋㅋ

어...........

넵

성종

ㅇㅇ

참 울 마누라한테
사약 보냈지?

엄
아뇨 아직

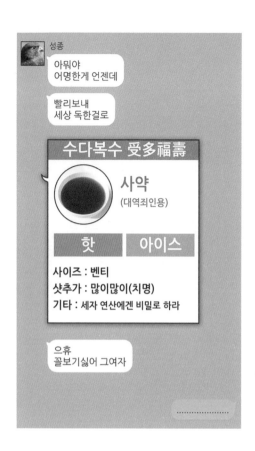

오지랖 ㄴㄴ
선물 ㄱㅅㄱㅅ

해피 홀리데이!

정사 正史

실록에 기록된 것

- 조선 왕들, 결혼을 장려하다.
- 가뭄, 폭우, 지진 등 천재지변이 일어나면 "미처 결혼을 못한 이들의 원한이 쌓였기 때문"이라며 결혼을 장려하다. 평생 결혼하지 못하는 궁인들을 궐 밖으로 내보내기도 하다.
- 성종, "혼인하여 함께 사는 것이 인간의 대륜(大倫)이니, 만약에 혹 시기를 어기면 반드시 화기(和氣)를 상하는 데 이를 것이다"라며 솔로들에게 결혼자금을 대줄 것을 명하다.
- 성종, 조선의 법을 집대성한 『경국대전』을 완성하다.
- 성종, 왕비 윤씨(제헌왕후)가 투기가 심하다며 사약을 내리다. 연산군의 어머니.

기록에 없는 것 픽션

- 사약을 앱으로 주문하진 않았다.

조선 전반.

건국 1392   1500   1600   1700   1800   망국 1910

그러니까 내가 알아서
하겠다니까요

사람은 적당한 나이가 되면 으레 자신의 짝을 만나 가정을 꾸리며, 많은 사람들이 이런 삶의 궤적을 '보통'으로 받아들인다. 그러나 그런 삶의 방식을 택하는 것도 내가 원할 때의 이야기다. 무슨 일을 하든, 누구와 사랑에 빠지든, 결혼을 하든 말든 모두 자신의 선택에 따라야 한다. 싫은데 억지로 한다면 그 일에 무슨 의미가 있겠는가?

그런데 이런 개인적인 선택에 참견을 하고, 이래야 한다 저래야 한다 잔소리를 하는 사람들이 있다. 이런 오지랖의 역사는 인류의 역사만큼이나 길어서 조선시대에도 "왜 결혼 안 해?"라고 묻는 참견꾼들이 있었으며, 선을 넘어 타인의 인생을 망치는 사람들 역시 그때도 존재했다.

정조 때, 전라남도 강진현 탑동리에 김은애金銀愛라는 양인 여성이 살았다. 미녀였다고 전해지는데, 동네에서 젊을 적 기생 일을 하던 한 노인이 그녀에게 자기 손자와 결혼하기를 권했다. 하지만 자기가 싫으면 평양감사도 그만인 법. 은애가 제안을 거절하자 노인은 앙심을 품고 온갖 나쁜 소문을 퍼뜨렸다.

결국 은애는 마을에서 왕따가 되었는데 그래도 그녀의 결백을 믿어준 사람이 있어서 그와 부부의 연을 맺게 되었다. 하지만 그 이후로도 노인의 괴롭힘은 이어졌고 그것이 2년 넘게 계속되자 은애의 인내심도 마침내 한계에 도달했다. 노인의 행위를 오늘날 단어로 표현하자면 스토킹 행위라고 할 수 있겠는데 그것이 2년이나 이어졌으니 분노가 치밀 만하다. 은애는 한밤중에 칼을 들고 찾아가 노인을 열여덟 군데나 찔러 죽였다. 하는 김에 노인의 손자까지도 죽이려 했지만 가족들이 말려 그만두었다.

사건이 알려지자 관아에서는 은애를 체포하고 사건을 조사했는데, 은애의 옷은 온통 피투성이가 되어 있었고 자신이 왜 노인을 죽였는지를 또박또박 말했다. 이

때 은애의 나이는 18세. 은애의 인상이 워낙 가녀렸던 탓에 "설마 정말로 사람을 죽였겠느냐"고 의심을 받을 정도였다고 하니, 노인 때문에 받은 스트레스가 이만 저만이 아니었음을 짐작할 수 있다. 사연을 알게 된 현감은 안타까워하면서도 살인 사건인지라 어쩔 수 없이 사안을 보고했다.

이 사건은 1789년(정조 13) 5월 25일에 벌어졌고, 사건이 워낙 특이했기에 임금에게까지 소식이 올라갔다. 재상인 채제공은 "아무리 사정이 있어도 사람을 죽인 일을 그냥 넘어갈 수 없다"라며 은애를 처벌하자는 뜻을 비쳤지만 정조는 비슷하게 주변의 잔소리로 고통을 겪은 탓인지 "왜? 좋은 일 한 거 아냐? 이건 풀어줘야 해!"라며 적극 나서 은애를 처형하지 않고 풀어주었다.

이보다 앞선 1743년(영조 19)에는 황해도 황주에 사는 김자근련金者斤連의 일이 있었다. 한 남자가 김자근련에게 청혼을 했다가 차이자 포기를 못하고 겁탈을 하려다가 김자근련이 소리를 치는 바람에 실패했다. 이것으로도 충분히 몹쓸 짓이거늘, 남자는 자신이 김자근련을 겁탈했다는 소문까지 냈다. 괴로워하던 김자근련은 자살을 하려고 절벽에서 뛰어내리기까지 했는데, 간신히 살아난 뒤 마음을 고쳐먹고 남자를 찾아가 죽였다. 이 사건을 놓고도 당시 조정에서는 처벌을 해야 하느냐 말아야 하느냐를 놓고 큰 토론이 벌어졌는데, 영조가 특별히 명령을 내려 용서했다.

단순한 참견과 범죄 행위를 비교하기는 어렵겠으나 결국 타인의 자유 의지와 사생활을 존중하지 않는다는 데서 시작한다는 공통점이 있으니, 지나친 오지랖이 용인되는 사회일수록 이러한 범죄 역시 자주 발생할 위험이 있다고 볼 수 있지 않을까. 타인에 대한 애정과 타인의 삶에 대한 비존중을 착각한 채 이 시대에도 끊임없이 남의 인생에 흙발을 들이미는 사람들에게 이 이야기들이 교훈이 되기를 바란다.

하나요 자식복

조선 4대 임금
세종대왕은

자그마치
22명 아이들의 아빠였다.

그런데
세월이 흐르며
#숙종 3명, #경종 0명,

심지어 캐쎈 #정조마저
자식 숫자 1명을 기록하는데.

*어려서 죽은 아이들은 제외.

정조
ㅉ나도 유모차좀 운전해보자ㅠㅠ

정조, 어의

정조

어의선생.....................
....

어째서지

흑ㄱ시 과인이ㅠ......

조선을 지배한 #성리학.
예의범절과
의식을 중요히 여겼다.

그거랑 #아기가 무슨 상관?

세종, 소헌왕후, 영의정 황희

조선 초

세종

영의정
오늘은 특별히
퇴근 일찍 하시오

우리 데이트합니다

소헌왕후

영의정 황희

아ㅠㅠㅠㅠㅠㅠㅠㅠㅠㅠ

황송합니다
근데

	1	2	3	4	5	6
7	8	9	10	11	12	13
14	15	16	17	18	19	20
21	22	23	24	25	26	27
28	29	30	31			

오늘 전하 할바마마 기일...

아맞네;

중전 정말 미안해요ㅠ
우리 내일 놉시다~ ♥

소헌왕후

ㅇㅇ 그럽시다~ ♥

"조상님을 기리며
하루 정도는 경건하게 보내자."

취지는 좋았다.
근데 시간이 흐를수록…….

효의왕후

＋   ☺ 전송

조상님들 제사로
달력은 온통 #빨간색.

거기다 바쁜 업무까지!

별★을 따고 싶어도
하늘을 쳐다볼 틈이 없었는데.

♪ 합궁일 ♪

월요일엔 과인 바쁘지 않을까
화요일도 성균관 가야지 안그래
수요일은 종묘제례 있는 느낌
목요일은 경남 진해에 수해水害

우-그냥 다 때러쳐
우-대끊기면 까짓 어때요 어

※합궁 : 왕의 부부관계날
※성균관 문묘제례,
  종묘제례 때도 몸가짐을
  삼가야 했다. 또한 자연재해가
  일어나도 마찬가지였다.

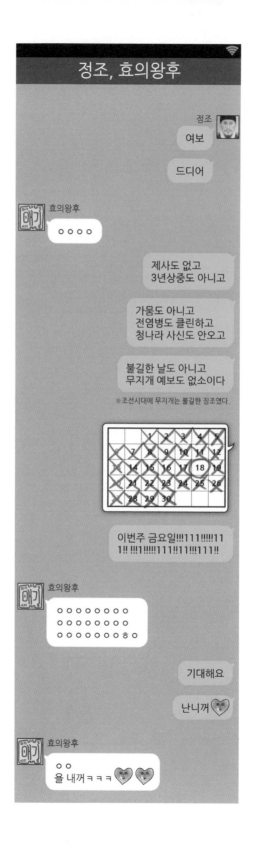

#눈물겨움

실록에 기록된 것

- 건국 때부터 성리학은 조선을 지배하는 사상이었지만, 조선 초에는 융통성이 있었다. 왕들조차 3년상 내내 거친 상복 입고 풀 반찬만 먹으면 국정 운영을 하기가 힘들었기 때문에 하루를 한 달로 쳐서 길어야 한 달만에 상복을 벗었다.
- 임진왜란, 병자호란을 겪으며 조선, 혼란에 빠지다. 그걸 바로잡자는 명목으로 사대부들 성리학 강조하다. 특히 명나라가 망한 후에는 조선이 유일한 사대부 국가라며 더욱 철저히 예법을 지키다.
- 제사가 있거나, 자연재해가 일어나거나, 전염병이 발생하면 왕들은 고기도 끊으며 몸을 삼갔다. 물론 부부관계도 금지.
- 왕실 어르신들이 줄초상이라도 나면 아무리 왕이라도 오래도록 오붓한 시간을 갖지 못했다.
- 정조, 서른다섯 살이 넘도록 후계자 얻지 못하다. 스트레스가 어찌나 컸던지 중전 효의왕후는 상상임신까지 하다. 후궁 수빈 박씨, 겨우 순조를 낳다.

픽션

기록에 없는 것

- 스트리밍은 못했다.

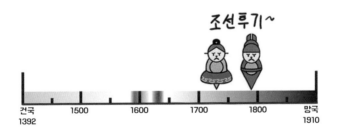

조선후기~

건국 1392 　1500　 1600　 1700　 1800　 망국 1910

정조의 찌질한 연애 일기

임금은 분명 막강한 권력이 있는 자리이다. 그런 막강한 권력마저도 어쩔 수 없는 것이 하나 있었으니 바로 사람의 마음이었다. 아무리 막강한 권력도 싫다는 걸 좋게 하기는 어렵다. 정조는 보통 아버지의 비극을 딛고 개혁을 추진했던 젊은 왕의 포지션으로 시리어스하게 그려지지만, 동시에 세상에 둘도 없는 찌질한 연애 스토리의 주인공이기도 했다.

사도세자가 죽은 임오화변 후 시간이 흘러 정조가 열한 살이 되었을 무렵, 덕임이라는 열 살 소녀가 궁녀로 들어온다. 아버지가 청지기로 일하고 있었으니 신분도 그리 높지 않은 중인쯤 아니었을까. 아직 어린 나이이다 보니 비슷한 또래이자 정조의 여동생들이던 청연공주, 청선공주와 함께 자라나게 되었다. 같이 소설책을 베끼기도 했으니 친구처럼 자매처럼 가까이 지내던 사이였던 듯하다.

그렇게 자주 만나다 보니 사랑이 싹트게 된 걸까. 세손 정조는 궁녀 덕임에게 사랑을 고백한다. "나 너 좋아. 나랑 사귀자!"라고. 결과는? 보기 좋게 차이고 만다. 당시 정조가 열다섯, 덕임이 열네 살이었으니 나이도 어렸지만 더 큰 문제는 따로 있었다. 정조는 이미 효의왕후(당시는 세손비)와 결혼한 어엿한 5년차 유부남이었던 것이다.

물론 후궁을 둘 수야 있었지만 덕임은 후궁 자리를 거절한다. 자신은 세손비와의 의리를 저버릴 수가 없다는 이유에서였다. 아직 세손빈에게서 후사가 없는데 자신이 앞설 수 없다고 말이다.

정조는 물러섰지만 포기하지 않았다. 그로부터 무려 15년 뒤, 정조는 다시금 덕임에게 고백을 한다. "이번에야말로 나랑 사귀어줘!"라고. 그때까지도 효의왕후에게는 자식이 없었고, 다른 후궁들도 아이를 낳지 못하고 있었다. 그러니 이제 처음에 거절했던 이유는 명분을 잃은 것이다. 그러나 정조는 또 차였다.

어떻게 일개 궁녀가 세손의, 그리고 임금의 고백을 거절할 수 있었을까? 아마 정조가 그녀의 취향에 영 아니었을 수도 있다. 정조의 스펙이 부담되었거나 영조와 사도세자의 사연이 못내 마음에 걸렸을 수도 있다. 또한 조선시대에 왕의 부인으로 살아간다는 것은 절대로 녹록한 일이 아니었다. 1년에 제사만 100번 남짓한 22대 종갓집의 며느리로 들어가는 것이 그녀의 성미에는 도통 맞지 않았을 가능성도 있다. 잔소리와 구박은 국가 단위로 쏟아질 테고 말이다.

아무튼 정조는 깔끔하게 두 번이나 차였는데, 그러자 마침내 권력남용이라는 찌질함을 휘두른다. 아무 죄 없는 덕임의 하인들에게 화풀이를 하며 그들을 괴롭힌 것이다. 그래서 덕임은 어쩔 수 없이 정조의 사랑을 받아들이고 만다. 덕임에 대한 정조의 끈질긴 들이댐은 당대에 유명해 소문이 날 정도였다. 정조가 몹시 뿌듯해하며 어머니인 혜경궁 홍씨 앞에서 말없이 웃음을 지었다나 어쨌다나.

그리고 1년이 지나지 않아 덕임은 아이를 낳았고, 이가 정조의 첫 자식이자 아들인 문효세자였다. 덕임은 빈으로 봉해져 의빈 성씨가 되었다. 이후로도 정조의 사랑은 지극해 성씨는 거듭 임신을 하지만, 안타깝게도 문효세자는 다섯 살 때 병으로 세상을 떠나고 둘째 딸도 일찍 죽었으며 의빈 성씨도 뱃속의 셋째와 함께 세상을 떠나고 만다.

마지막으로 지금 우리가 찌질했던 정조의 사랑 이야기를 알 수 있는 이유는, 정조가 스스로 적어서 남긴 의빈 성씨의 행장 덕분이다. 사랑했던 여자와 자식들을 모두 잃은 정조는 이들을 한데 묻어 죽어서라도 함께 지내게 했다. 만약 의빈이 좀 더 오래 살았다면, 문효세자가 더 오래 살아남았다면 이후의 역사가 어떻게 바뀌게 되었을지 상상해보게 된다. 조선왕조실록

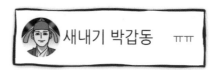

새내기 박갑동 ㅠㅠ

날씨는 아직 겨울.
하지만 마음은 벌써 봄!

나 갑동,
드디어 과거 급제했다!

엄마아빠 사랑해요

사헌부 감찰 박갑동

과거급제 / 새내기 / 새로운 시작

취뽀한 것도 좋은데
가고 싶던 사헌부라니ㅠㅠ

※ 사헌부 : 오늘날 검찰. 관리들 비리를 바로잡고,
백성들이 억울한 일을 당했을 때 해결하였음.

명심하자.
단체방 첫인상은
무조건 밝고♥씩씩하게!

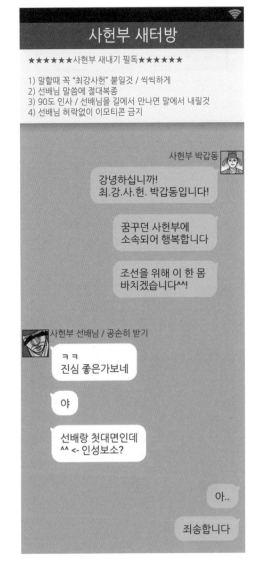

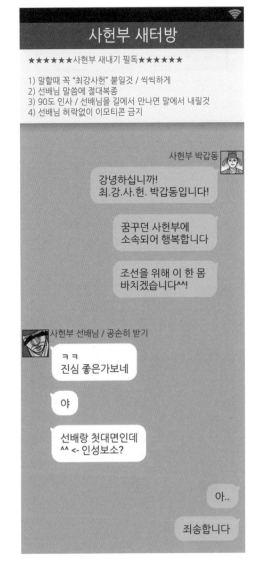

사헌부 새터방

★★★★★★사헌부 새내기 필독★★★★★★

1) 말할때 꼭 "최강사헌" 붙일것 / 씩씩하게
2) 선배님 말씀에 절대복종
3) 90도 인사 / 선배님을 길에서 만나면 말에서 내릴것
4) 선배님 허락없이 이모티콘 금지

사헌부 박갑동

강녕하십니까!
최.강.사.헌. 박갑동입니다!

꿈꾸던 사헌부에
소속되어 행복합니다

조선을 위해 이 한 몸
바치겠습니다^^!

사헌부 선배님 / 공손히 받기

ㅋㅋ
진심 좋은가보네

야

선배랑 첫대면인데
^^ <- 인성보소?

아..

죄송합니다

신귀(新鬼)

"앞으로 넌 귀신이다."
"통과의식 해내면
사람으로 인정해줌ㅋㅋ"

그런데,
그 의식이란 것들이
뭐냐면…….

똥통다이빙ㅎ

+   ☺ 전송

셋이요
으아아

장난 아니었다.
똥독 올라 죽은 사람도 있댄다.
#ㅎㄷㄷㄷㄷㄷ

누가 나 좀
위로해줘ㅠㅠㅠㅠㅠ

顔 안면장부

🏯 조정 대나무숲에서 알려드리오

[익명] 강녕하세요 신귑니다.....
원래 사헌부...이렇게 군기 심한가요ㅠ
왜 사람대접을 안해주시는지......

👍 첫 좋아요를 누르시오!

선배부일체 : ㅉㅉ나약하긴

선배는하늘 : ㄴ2222 길을 비켜라
              징징대감 행차시닼ㅋㅋ

머리박어 : 요즘은 새내기게 벼슬이지

호선호배 : 솔직히 일부러 더잡는다ㅋ

호선호배 : 나도 당햇는데 니들만
안하면 억울하잔흐뮤ㅠㅠ

하지만!

막동이 : 덧글들 심하네요.
사람이 짐승입니까?
서열이 웬말인가요.
서로 존중합시다. 👍1 👎54

선배부일체 : @막동이 뭐냐ㅋㅋㅋㅋ

선배는하늘 : @막동이 나대지마ㅠ

머리박어 : @막동이 꼭잇어요
남들 다하는데 지혼자
튀는애들

호선호배 : @막동이 ㄱㅆ이도 그렇고
니도 사회생활 참못하네

호선호배 : @막동이 극혐이다ㅋㅋ

"ㅎ"

막동이 : ㅇㅋ 1월3일 09:07

세종, 중종 비롯한 조선 왕들,
똥군기 없애기에 최선 다하다.

#걸리면_곤장60대

그리
하
였다
고
한
다.

끝.

정사 正史

- 조선 신입생 신고식 면신례(免新禮), 혹독하기로 악명 높다. 원래 유래는 "고려시대, 가문 빽으로 관직에 오른 금수저들을 휘어잡고자"였을 것이라 율곡 이이는 추측했다.
- 새내기 관원들을 신귀라고 부르며 사람 대접을 하지 않다.
- 동물 흉내 내기, 노래하기, 춤추기, 똥물에 빠지기, 옷 찢기, 술 먹기 등 온갖 괴롭힘 이어지다. 관직 이름을 대게 하기도 했는데, 성공하면 뒤부터 거꾸로 말하게 하여(영의정-)정의영) 무조건 벌칙을 받게 만들다. 죽는 사람도 나오다.
- 선배들, 새내기들에게 술을 얻어먹다. 얼마나 집요하게 뜯어냈는지 면신례를 마치면 파산할 지경이었다고.
- 그러나 면신례를 통과하지 못하면 크나큰 불이익 입다. 율곡 이이는 면신례를 거절했다가 "선배들에게 불손하다"는 이유로 퇴직당했다.
- '막동이'는 세종대왕의 아명.

픽션

- 저것보다 더 심했다고.

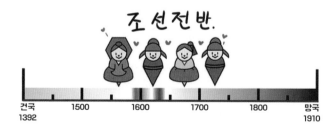

조선전반.

건국
1392   1500   1600   1700   1800   망국
1910

야자타임도 정도껏

많은 노력에도 불구하고 당파싸움의 폐해는 쉽게 사라지지 않았다. 1790년(정조 14) 5월, 좌의정 채제공이 서대문으로 들어왔을 때였다. 원래 조선의 정승은 삼정 승이라 해서 영의정, 좌의정, 우의정이 있지만 당시에는 채제공만 자리에 있었고 남은 두 자리는 공석이었기에 채제공은 그야말로 일인지하 만인지상, 임금 다음으로 높은 사람이었다.

그런데 웬 젊은 유생 둘이 두루마기도 안 입은 차림으로 담배를 쪽쪽 빨면서 채 제공의 행렬을 물끄러미 보고 있었다. 지금도 어르신 앞에서 담배를 피우는 것이 예절에 어긋난다고 보는데 하물며 그 옛날 재상에게는 오죽했겠는가? 채제공의 권두가 담배를 피우지 말라고 야단치자 유생들은 입술을 삐죽 내밀었다.

"내가 왜 채제공 때문에 담배를 빼야 해?"

이쯤에서 각이 나오겠지만 유생들은 노론 출신이었다. 연륜으로 따지거나 직책으로 따지거나 인간 대 인간으로 따지거나 지금도 눈살 찌푸려지는 행동이니 당시로서는 무척 예의 없는 짓이었다. 당연히 채제공의 부하들은 크게 화를 내고 둘을 잡아 전옥서의 감옥에 넣었다. 아침이 되면 풀어주려 했는데, 그날 한밤중에 성균관 유생들 수십 명이 전옥서로 쳐들어왔다. 그리고 "갇혀 있는 두 사람을 석방하지 않으면 다 부숴 버릴 거야!"라며 관리들을 위협하고 큰 소동을 벌였다. 채제공은 깜짝 놀라 두 유생을 형조로 보내 버렸고 사건은 본격적으로 커졌다.

채제공에게 대들었던 사람은 이름 높은 안동 김씨, 그중에서도 서울의 장동 김씨인 김관순이었고 나머지 한 사람은 옆에서 구경하고 있다가 얼떨결에 걸려든 김병성이었다. 아무튼 채제공에게 반말을 뱉은 김관순은 할아버지와 아버지 모두 노론에다 참봉, 봉사의 관직을 하고 있었으니 나름 끗발이 있었다.

　그러나 채제공이 남인이라 할지언정 좌의정이었다. 성균관 유생이 당파를 이유로 좌의정을 무시한 것이니 어지간히 사람이 좋아도 화가 날 일이었고, 채제공은 정식으로 고발할 마음까지 먹었던 것 같다. 자식이 사고를 치면 부모가 수습하는 건 그때도 마찬가지였는지, 김관순의 할아버지와 아버지는 채제공에게 싹싹 빌며 사과를 했고 아들의 볼기를 쳐서 따끔하게 혼을 냈다.

　그렇게 해서 사건이 마무리되는가 했으나 그 다음이 문제였다. 남인 정승이 노론 유생을 감옥에 보냈다는 이유로 조진성이 "선비를 죽일 순 있어도 모욕을 줘서는 안 된다!"라고 채제공을 혹독하게 비판하는 글을 올린 것이다. 채제공은 정조에게 "전 아무것도 안 했고 제 부하들이 잡아 가둔 겁니다"라고 변명을 하며, "선비에게 모욕을 주면 안 된다는 것도 목숨 걸고 바른 말하는 사람한테 쓰는 말이지, 윗사람 앞에서 훑옷 입고 담배 빨면서 반말 까는 사람에게 할 말은 아니잖습니까?"라고 덧붙였다.

　게다가 성균관 유생들이 전옥서에 몰려가서 난동을 부린 것은 한밤중이었으니 야간 통행 금지마저 어긴 셈이었다. 사정을 알게 된 정조는 이미 볼기를 맞은 김관순은 더 처벌하지 않았지만 전옥서에 몰려온 유생들의 주동자는 평생 과거시험 볼 자격을 박탈하고 남은 사람들에게도 10년 동안 과거시험 응시 금지를 명했다. 그러면서 한탄을 하듯 전교를 내렸다.

　"너희들이 길바닥에서 한 기괴하고 패악스러운 일은 넘어가더라도 시커먼 밤에 뭐하는 짓이냐? 진짜 한심하다. 정말 열심히 사는 학생들이 너희들이랑 같이 있고 싶겠냐? 이 일에 관련된 사람들을 유학자 명단에서 파 버려라."

　정조는 이 명령을 성균관 벽에 써 붙여서 모두가 보게 했다. 그러고도 화가 덜 풀렸는지 자신의 일기장에까지 "하여간 요즘은 세상 돌아가는 꼴이 엉망진창이다!"라고 투덜거렸다. 어떻게 본다면 작은 해프닝이 크게 불거진 셈이었지만, 당파싸움이 조정을 넘어 어디까지 번져 나갔는지 알 수 있는 부분이기도 하다.

골목 상권을 지켜라!

 곱단아빠 ㅠㅠㅠ

 채제공 돈워리

하나요 아기자기

어느 날 갑자기,

나도 몰랐던 재능을
찾는 때가 있다.

顔 안면장부

곱단아빠 @gobdan_papa

머슴일하다 쉬면서 만들어본...^^
#딸덕후 #짚신 #예쁘죠

삼선수래파

애아막수

칸바수

 17.91k

옥이맘 : 와 진짜 예쁜데요???

덕춘파파 : 파시면 안되나요ㅠㅠㅠ

곱단 아빠,
막노동해 번 돈을 털어
작은 쇼핑몰을 차렸는데.

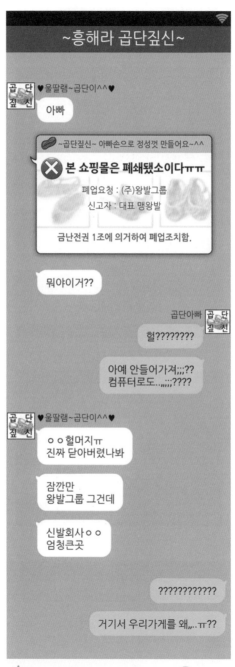

~흥해라 곱단짚신~

곱단짚신 ♥울딸램~곱단이^^♥
아빠

~곱단짚신~ 아빠손으로 정성껏 만들어요~^^

❌ 본 쇼핑몰은 폐쇄됐소이다ㅠㅠ

폐업요청 : (주)왕발그룹
신고자 : 대표 맹왕발

금난전권 1조에 의거하여 폐업조치함.

뭐야이거??

곱단아빠 곱단짚신
헐????????

아예 안들어가져;;;??
컴퓨터로도..,,;;????

곱단짚신 ♥울딸램~곱단이^^♥
ㅇㅇ헐머지ㅠ
진짜 닫아버렸나봐

잠깐만
왕발그룹 그건데

신발회사ㅇㅇ
엄청큰곳

????????????

거기서 우리가게를 왜,,..ㅠ??

전송

'큰 상인이 작은 가게를
없앨 수 있는 권리'

원래 '검증된 물건만 팔라'는
뜻에서 만든 법이었지만.

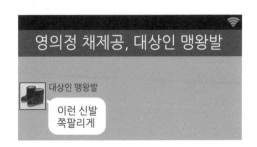

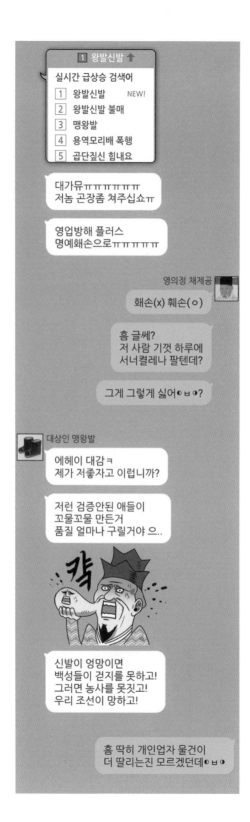

어딜 감히

조선을 쥐락펴락하며,
벼슬아치들과도 1촌 맺던
대상인들.

하지만
사람 잘못 골랐다.

채제공이 누군가?
정조의 충성스런 단짝이거늘!

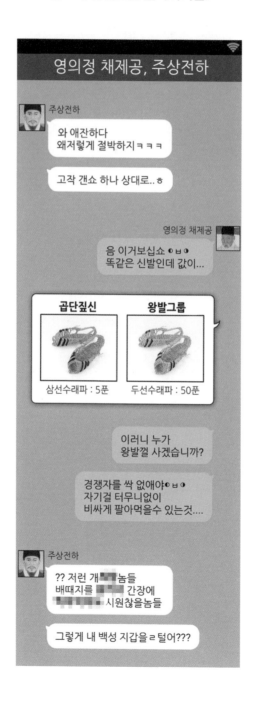

영의정 채제공, 주상전하

주상전하
와 애잔하다
왜저렇게 절박하지 ㅋㅋㅋ

고작 갠쇼 하나 상대로..ㅎ

영의정 채제공
음 이거보십쇼 ⑨ㅂ⑨
똑같은 신발인데 값이...

곱단짚신	왕발그룹
삼선수래파 : 5푼	두선수래파 : 50푼

이러니 누가
왕발껄 사겠습니까?

경쟁자를 싹 없애야 ⑨ㅂ⑨
자기걸 터무니없이
비싸게 팔아먹을수 있는것....

주상전하
?? 저런 개▨▨놈들
배때지를 ▨▨▨▨ 간장에
▨▨▨▨▨▨ 시원찮을놈들

그렇게 내 백성 지갑을ㄹ 털어???

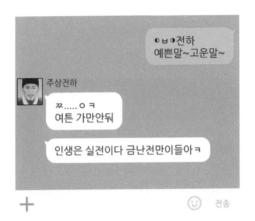

ㅇㅂㅇ전하
예쁜말~고운말~

주상전하

ㅉ.....ㅇㅋ
여튼 가만안둬

인생은 실전이다 금난전만이들아ㅋ

전송

정조, 금난전권 없애다.

백성들이 맘껏 장사하게 하니,
상업이 #어마무시 발달하다.

#신해통공
#대창업시대

그리하였다고 한다.

끝.

실록에 기록된 것

정사 正史

- 조선 조정, 대상인들에게 나라 운영에 필요한 물건 징수하다. 대신 그들의 수익을 보호해주기 위해 금난전권 주다.
- 그러나 금난전권 악용하다. 영세상인들을 폭행하고, 조폭을 고용해 작은 야매시장을 만들고는 터무니없는 가격으로 영세상인들 물건을 사들이다.
- 대상인들, 상품 독점 공급하며 생필품 가격을 무자비하게 올리다. 백성들 불만 폭발하다.
- 영의정 채제공, 금난전권을 폐지하고, 최근 들어 생긴 야매시장을 없애도록 건의하다. 정조, 그 말을 들어주니 1791년 신해통공이라 부르는 조치다.
- 채제공은 영정에서도 볼 수 있듯 심각한 사시였다고 한다.

기록에 없는 것

픽션

- 온라인 쇼핑몰은 없었다.

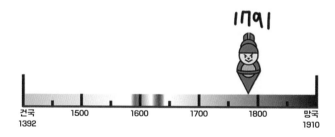

1791

| 건국 1392 | 1500 | 1600 | 1700 | 1800 | 망국 1910 |

장사가 잘되니 세금이 늘어나네

 유교의 신분제도는 사농공상士農工商, 즉 선비-농민-장인-상인으로 나뉘어 있었다. 상인들은 조선 신분제의 가장 아래였다. 상인들이 가장 천하게 대우받은 이유는 무엇일까? 농민들은 농사를 지어야 하니 항상 한 지역에 머물러 살았고, 그에 비해 상인들은 장사를 위해 이곳저곳을 떠돌아 다녔으니 옛날 사람들에게는 늘 낯선 이방인으로 느껴져서가 아니었을까.

하지만 문명이 발달하고 경제 규모가 커지자 남은 물건을 남에게 주고 나에게 필요한 것을 얻는 '경제적 교류'가 차츰 많아졌고, 사람들은 더 많은 것을 가지고 싶어 했으며 이런 수요는 공급을 불렀다. 아프리카 대륙을 한 바퀴 돌고 대서양을 건너 아메리카 대륙을 발견한 콜럼버스도 수요가 급등한 후추를 찾기 위해서 배를 타지 않았던가.

조선도 이런 흐름에서 예외는 아니었다. 조선 후기에 들어서 대동법이 시작되며 경제적으로 윤택해지고 상품 생산이 늘어났으며, 도시 인구도 늘어나 물건을 주고받는 일이 빈번해지며 상업이 활발해졌다. 하지만 조선 초기에 정리된 기존의 시전 체제로는 이 규모를 소화해 낼 수 없어서 난전이 만들어졌다. 어지러울 난亂에 가게 전廛, 굳이 말하자면 무허가 점포라고나 할까. 기존 시전 상인들은 금난전권을 가지고 있었기에 난전 상인들의 물건을 빼앗거나 심지어 매질까지 할 수 있었다. 국가의 허가를 받은 시전 상인들만 장사를 할 수 있게 한 조치였지만 조선 후기의 커진 경제 규모에는 맞지 않는 일이었다.

결국 1791년(정조 15)에 신해통공을 시행하며 금난전권을 폐지해 소규모 상인들의 영업을 보장해주게 되었다. 영조 시기인 1727년(영조 3)부터 금난전권을 완화하는 통공 정책이 시작되었지만 그 덕분에 물가가 상승하고 도리어 시전들의 권한이 강화되는 부작용이 있었다. 하지만 신해통공은 예외였다. 국가에서 관리하는 몇 가지 대상만 제외하고는 금난전권을 완전히 폐지했던 것이다.

정조가 난전의 상업권을 인정한 것은 그저 소상인들을 위한 것만은 아니었다. 신해통공에서 중요한 것은 수원 화성의 건설이었다. 1789년(정조 13), 정조는 아버지 사도세자의 무덤을 수원으로 옮겨 현륭원이라고 이름 지었고, 수원의 이름을 화성으로 변경했다. 이후 막대한 노력을 기울여 그곳에 도시를 만들고 성벽을 쌓아 백성들을 이주시켜 살게 하려 했다. 이때 채제공은 그러기 위해서는 시장을 만들어야 한다고 주장했고 정조는 일찍부터 화성 일대에 홍삼이나 모자를 팔 수 있는 권한을 인정해줌으로써 상업을 발전시키고 화성의 인구를 늘리고자 했다.

그런데 서울에서 가까운 화성은 금난전권의 영향을 직접 받는 곳이라 시장을 만들고 상인들을 유치하는 일이 쉽지 않았다. 여러 화성 부양책을 만들고 시행했지만 노론, 그리고 서울의 기득권층의 반발이 만만치 않았던 것이다. 하지만 금난전권을 폐지하면서 상업이 활발해지고 그에 따라 화성도 정조가 원하는 대로 발전할 수 있게 되었다.

뿐만 아니다. 상업이 크게 발달하니 국가로서는 더 많은 세금을 걷을 수 있었다. 사도세자의 묘소인 현륭원을 오갈 때 한강을 넘을 길이 없어 정약용이 제시한 아이디어대로 배와 뗏목을 이어 판자를 깐 부교를 만들었는데, 이때 드는 만만치 않은 비용을 상인들에게 곡식 운송 권리를 주는 대신 충당하게 했다. 화성을 건설하고 장용영을 확대하는 엄청난 비용을 이렇게 마련한 것이다.

그래서 금난전권의 폐지가 모두에게 좋았냐면 그렇지는 않았다. 우선 단기적으로는 물가가 올라 한동안 사람들이 고생해야 했으며, 기존의 상인들은 아무나 물건을 가져와 파니 상품의 질이 떨어진다고 투덜거렸다. 무엇보다 신해통공은 국가의 이익을 증가시키기 위한 것이지 상업을 긍정한 것은 아니었다. 국가에게 있어서는 경제의 발달만큼이나 국가가 이를 장악하고 통제하는 것이 중요했기에 상인들의 신분 제약이 풀리거나 정치적인 권한을 가지는 길로 나아가지는 못했다는 한계가 있었다.

지방러 ㅠㅠㅠ

한양러 기득기득ㅋ

하나요

지방러

"말은 제주도로 보내고
사람은 서울로 보내라."

누구야…….
이딴 헛소릴 한 게…….

지방러 막동이

ㅗㅗㅗ / 어짜피 소용없음ㅋ

말문이 막힌다.
그래서 한양 가잔 거야.
엄마…….

이거 좀 봐봐……ㅠㅠ

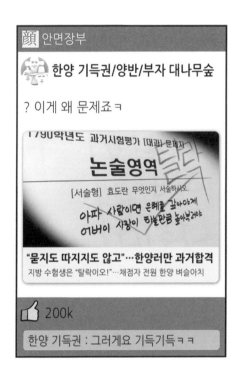

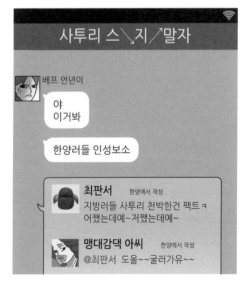

기가 막히지?
근데 있잖아,
전하도 다 보고 있었나봐.

저긴 차별 없을 거래.
살기도 좋을 거래!

기대된다ㅠㅠㅠㅠㅠㅠ

한양 기득권이 기득기득ㅋ

전하 ㅎㅅ합니다만

혹시 요즘 이런 문자
돌고있는거 아시는지„ㅋㅋ

[수원 신도시 결사반대]

기억하십니까?
이건 경고입니다!!!!!!!!!

수원에는 사도세자
무덤이 있습니다.....

신도시를 짓고나면 주상이
아빠를 위해 피의 복수를
시작할겁니다!!!!!!!!!!!!

이 문자를 널리 돌리십시오

이게 민심입니다„ㅠ
신도시 취소하시죠..„ ^^

정조

응 선동잼ㅋ

그거 풀영상 이건데?

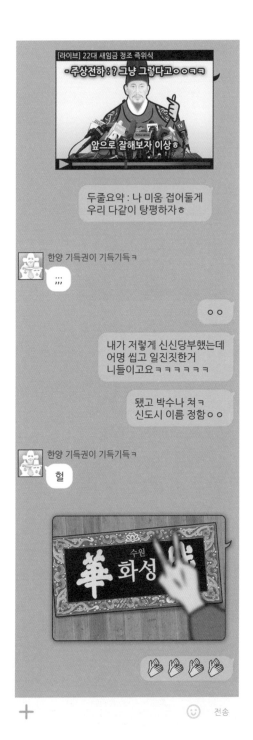

정조, #수원화성을 짓다.
자기 #꿈과 #희망을 담다.
#정조랜드

아름답고 찬란하고
빛날 화華

좋은 건
다 붙이셨네ㅎ

정사 正史

실록에 기록된 것

- 한양 기득권(양반+벼슬아치+부자)들, 지방민 차별하다. 고려 말 개경 출신이 권력을 잡았던 것처럼 자기들끼리 벼슬 나눠 먹다.
- 행정시설, 교육기관 모두 한양에 집중되다.
- 지방민들은 불만이 컸지만, 별 수 없이 지역 유지인 향리로 남거나 가산을 탕진해가며 한양으로 올라오다.
- 정조, 규장각 만들어 똑쟁이 신하 키우고 장용영으로 친위부대 만들다. 새로운 세력을 만드는 왕을 보며 뿌리 깊은 한양 기득권들, 불안감 느끼다.
- 정조, "나는 사도세자의 아들이다. 하지만 돌아가신 할바마마(영조)의 유지를 받들어 최소한의 예우만 갖추겠다"며 원칙에 입각한 탕평 행보를 시작하다.
- 정조, 사도세자 묘터가 안 좋다며 수원으로 이장하다. 수원에 행궁을 짓고 백성들을 이사시키다. 화성이라 이름 짓고는 군사적 요충지이자 자신의 낙원으로 삼다.

픽션

기록에 없는 것

- 프로젝터는 없었다.

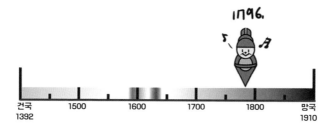

1796.

건국 1392	1500	1600	1700	1800	망국 1910

수원화성 축성

 흔히 떠오르는 정조의 이미지란, 어린 시절 아버지의 비극을 딛고 일어나 반대파들의 위협을 이겨내고 임금의 자리에 오른 젊은 왕이다. 야심에 찬 젊은 왕이 정약용처럼 똑똑한 신하들과 의기투합해 좋은 나라를 만들어 보려다가 암살당했다고도 한다.

하지만 언제나 현실은 후세의 상상보다 못한 법. 정조가 다스렸던 23년 동안 좋은 일만 있었던 것은 아니었다. 할아버지 영조 때 못지않게 반역 사건이 자주 일어났고, 그 와중에 정조는 자신의 이복동생을 처형해야만 했다.

게다가 정조는 할아버지 영조를 빼닮아 모든 일을 하나에서 열까지 모두 자신이 해야만 직성이 풀리는 성격이었다. 워낙 꼼꼼하고 집요하다 보니 남에게 일을 맡겨 두지 못하고 하나하나 확인하고 추진해야만 했던 것이다. 그래서 채제공은 "임금님께서 누에고치 실이나 쇠털같이 작은 일도 조금도 빼 놓지 않으니 저는 존경합니다만"이라는 식의, 돌려 말하는 잔소리를 하기도 했다. 기본적으로 정조는 자기 자신을 믿었고, 남은 그다지 탐탁지 않게 여겼으며 끊임없이 들들 볶았다.

그러다 보니 사람을 오래 쓰는 일이 없었다. 정조 시대의 영의정은 길어야 1년이었고 판서는 2개월, 대사헌이나 대사간 등은 2주를 가지 못하고 갈아치워졌다. 거의 수습 기간도 마치지 못하고 그만뒀다는 것인데, 덕분에 당파가 세력을 만들 겨를이 없었다는 것이 장점이라면 장점일까? 대신 왕인 정조가 해야 할 일은 크게 늘어났다.

정조의 완벽주의적인 성격 때문에 일에 대한 부담은 더 커졌고, 젊은 시절부터 소화 장애를 끊임없이 앓았다. 스트레스 해소를 위해서인지 줄담배를 피웠으며 그런 생활 습관이 결국 몸의 병으로 이어졌다. 심환지에게 보낸 편지도 그렇고, 『실록』에서도 정조는 곧잘 여기저기 아프다며 신하들에게 하소연을 했는데, 딱 보아도 스트레스로 인한 질병들이다.

정조는 할아버지 영조보다 한층 더 강력한 탕평책을 밀고 나갔지만 쉽지 않았다. 노론들은 원래 숫자가 많았고 조정에서도 주류를 차지했기에 정조는 남인들을 지원했다. 그런데 이 남인들은 이단인 서학에 빠져 사회적인 지탄을 받는 존재가 되었다.

즉위한 지 17년째인 1793년, 정조는 수원의 이름을 화성華城으로 바꿨다. 근처에 있는 아버지 사도세자의 무덤이 화산花山에 있어 비슷한 글자를 따 붙인 것이었다. 그리고 다음 해부터 수원성을 쌓기 시작했다. 이때 사용된 것이 거중기이고, 거중기 하면 오늘날 사람들은 정약용을 떠올리지만 당시만 해도 직급이 낮아서인지 그의 이름은 『실록』에 적히지 않았다. 아무튼 성벽은 정조의 취향대로 '예쁘게' 만들어졌고 행궁도 웅장하게 지어졌다. 정조는 "다 이유가 있어서" 성을 이렇게 짓는 것이라며 설명했고, 강 위에 배를 이어 만든 다리까지 놓아 두고 뻔질나게 화성을 방문했다.

어째서 정조는 축성에 그렇게 공을 들였을까? 정조도 사람이었다. 계속되는 정치적 다툼과 산더미 같은 업무 속에서 지쳐갈 수밖에 없었고, 마침내 나라 일이고 뭐고 다 때려치우고 아버지 무덤 곁에서 자연을 벗 삼아 한가로이 지내고 싶었을 수 있다. 정조는 왕위에서 물러나 상왕이 되어 화성으로 내려가 조용히 살고 싶었던 것 아니었을까. 안타깝게도 꿈꾸던 휴식을 취하기도 전에 죽고 말았지만 말이다.

영조에게 세손이던 정조가 있었듯이, 정조에게도 대리청정을 할 만큼 장성하고 똑똑한 후계자가 있었더라면 어땠을까? 조선 후기, 나라에 큰 활력을 불어 넣었던 정조인 만큼 그의 이른 죽음은 아쉬움이 남는다.

스파이 김홍도

 단원 김홍도 　(찰칵)

 정조 　　　김치ㅋㅋ

하
나
요

헛
웃
음

나는 김홍도.
유명한 화가 아저씬데……．

너희들,
날 좀 오해하는 것 같아.

계동 : 와 푸근하네요~
      바탕화면으로 퍼가요~

언년 : 어쩜 보는사람 맘도 편해져요~

꽃님 : @언년 홍도님 고민1도 없이
      느긋~~~하게 사시는듯^^

ㅎㅎ… 아니야…….

어…… 맞아.
난 전하가 시키시면 뭐든 그려.

#예체능 #장영실이랄까?

아니 솔직히……

홍도캠

주상전하 전용
카메라 앱인 듯…ㅋㅋㅋ

주상전하

저기
뜬금없는데

우리 홍도 왜어 좀 하니?

김홍도

?? 왜어요?

[왜드] 고독한 사무라이 - 낭가삭기 카수태라

ーうまそうでござる

※낭가삭기 : 나가사키. 일본이 서양과 교류하던 곳.
※자막 : 맛있겠군

어..예...작업하다 지치면
가끔 자막없이 왜드봅니다ㅇㅇ

주상전하

오얼 스고이ㅋㅋ

잘됐다 너
쓰시마에 출장좀 가라

ㅋ

가서 지도좀 그려와ㅋㅋㅋ

??????

전송

홍도야 울지 마라

와, 전하를 얕봤어.
쓰시마면 왜국 땅이잖아?

지도는
#국가기밀인데ㅋㅋㅋ

화가인 나한테 지금
옆나라 기밀을 캐 오라고ㅋㅋㅋ

※왜관 : 대마도(쓰시마)에 있던 일본인거주지.
조선·왜 교류창구였다.

왜 소신에게 이상한 거
시키십니까ㅠㅠ

사랑해서ㅋ 끝.

실록에 기록된 것

- 김홍도, 대단한 재주를 가지다. 인물화는 물론 동물 그림, 산수화, 도시 전개도 등 온갖 그림 완벽하게 그려 내다.
- 김홍도, 궁중화가가 되다. 젊은 나이에 당시 세손이었던 정조의 초상을 그리는 영광 차지하다.
- 정조, 김홍도를 자신의 눈처럼 부리다. 어진(임금 초상화), 『삼강행실도』 삽화, 의궤(궁중 행사 설명도), 심지어 사도세자를 모시는 절에 들어갈 불화까지 단원이 도맡아 그리거나 감독하도록 하다.
- 정조, 김홍도를 청나라에 가는 사신단에 끼워 보내다. 세계 도시였던 북경을 보고 그림으로 그려 오게 하다. 거기서 김홍도, 서양 그림을 보고 원근법을 익히기도 하다.
- 정조, 일본에서 도통 통신사가 오지 않자 김홍도와 김응환(홍도 스승)에게 쓰시마에 가서 첩도 활동을 하게 하다. 김응환이 출국 직전에 죽어 김홍도, 혼자 가서 쓰시마 지도를 베껴 오다.
- 혜원 신윤복도 동시대 사람이었다. 김홍도가 일하던 도화서에서 쫓겨난 문제아였다고.

기록에 없는 것 픽션

- 김홍도는 귀한 신분이 아니었기 때문에 정조 얼굴은 못 그리고 옷만 담당했을 것이라고도 한다.

1745~?

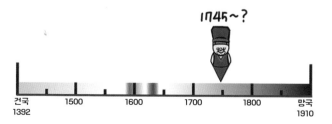

건국 1392   1500   1600   1700   1800   망국 1910

사람을 그린 화가

조선 후기 화가 신윤복의 유명한 작품 중 〈밀회〉, 혹은 〈한밤중의 만남〉이라 불리는 그림이 있다. 담벼락 옆에서 쓰개치마를 입은 여인과 갓을 쓰고 수염도 나지 않은 젊은 청년이 만났다가 막 헤어지는(남자는 발길을 돌리고 있다) 장면을 그린 것이다. 하늘에는 초승달이 둥실 떠 있고 남자의 손에 등불이 들려 있는 것을 보면 늦은 밤이 틀림없다. 그림 위에 쓰여 있는 글귀를 해석하면 다음과 같다.

"달빛이 침침한 삼경, 두 사람의 마음은 두 사람만 알겠지."

삼경은 지금의 밤 열한 시에서 새벽 한 시 가량이니 깜깜한 밤이다. 조선시대에는 밤 여덟 시경, 종이 서른세 번 치면 관리나 순찰을 도는 포졸 말고는 밖을 돌아다닐 수 없도록 법으로 정해져 있었다. 즉 이 연인은 법을 어겨가면서까지 만난 것이다. 가죽 신발을 신은 모습을 보면 꽤 부유한 집안의 여자일 텐데 대체 어떤 숨겨진 사연이 있는지, 둘이서 뭘 했는지, 왜 이렇게까지 위험을 무릅쓰고 만났는지 그림에는 자세한 설명이 나와 있지 않으니 상상할 수밖에 없다. 이렇게 많은 상상을 불러내는 그림이 또 있을까?

이 멋진 그림을 그린 신윤복에 대해 알려진 사실은 거의 없다. 그는 고령 신씨로, 신분은 중인이었다. 신윤복의 아버지 신한평은 영조 때부터 순조 즈음까지 도화서의 화원으로 일했다. 이 시기쯤에는 그림만 잘 그린다고 화원이 될 수 없었다. 인동 장씨(희빈 장씨도 이 집안이다)를 비롯한 몇몇 가문들이 화원을 세습하고 있었고 고령 신씨는 그중 하나였다. '자비대령화원'은 도화원에서도 뛰어난 사람들을 선발해 구성한 직제였는데, 그래서 그들이 유명한 예술 작품을 남겼나 하면 그렇지는 않았다. 조정이 원하는 그림이란 아름다운 예술 작품이 아니라 그림 자료였기 때문이다. 그러니 튀어서도 안 되었고, 누군가가 하던 작업을 그대로 이어 똑같이 해내야 하기도 했으며 보이는 것을 그대로 베끼는 능력도 중요했다. 예술 작업이라기보다는 무미건조한 인간 복사기와 비슷했으며, 임금들의 어진이나 의궤의 삽화를 그리는 일이 그들의 일 중 가장 창작 작업에 가까웠다. 그러니 도화서의 전설이며 충청도 연풍에서 현감 노릇도 했고, 그러면서 풍속화도 잘 그렸던 김홍도는 굉장히 특이한 경우였다.

김홍도에 비해 신윤복은 남아 있는 자세한 정보가 없다. 당대의 평도 그저 "풍속화를 좀 잘 그리는 사람" 정도만 달랑 전해진다. 왜일까? 가장 큰 이유는 별로 유명하지 않아서일 것이다. 지금은 '조선시대 화가' 하면 김홍도와 신윤복이 가장 유명하지만 정작 당시에는 화원의 명문인 해주 이씨의 이인문을 김홍도와 투톱으로 여겼다. 이인문은 산수화를 잘 그렸다. 조선시대에는 모두 산이나 물을 그리고 그나마도 중국의 그림을 베꼈을 뿐, 사람에게 관심을 가지고 그들을 화폭에 담아낸 그림은 정말 드물었다. 하지만 신윤복은 그네 타는 여자와 빨래하는 아낙, 술을 마시다 싸움이 붙은 남자들, 즐겁게 노는 기생 등 사람의 모습을 그렸다. 때문에 파격적이지만 속된 그림을 그린다며 외면당했고 누구도 기억하지 않았다.

우리가 신윤복의 이름을 알 수 있는 것은 그의 풍속화 30점을 모은 전집인 『혜원전신첩』이 남아 있는 덕분이다. 당대에는 별로 빛을 보지 못했던 그의 그림들을 이름 모를 누군가 책으로 모아 엮었고, 간송 전형필이 자신의 전 재산을 몽땅 탕진해가면서 이 책을 사들였고 지켜 냈다. 그 덕분에 우리는 아기자기하고 재미있는 그의 그림들을 알게 되었고, 신윤복이라는 이름 세 글자도 알게 되었다. 먼 옛날, 그러지 않아도 환쟁이라고 천대받던 사람이 그중에서도 가장 속되어 천대받는 그림들을 그렸고, 그래서 외면받았으나 이 시대에는 가장 사랑받는 사람이 되었으니 역사는 이토록 한 치 앞도 내다볼 수 없는 것이다. 조선왕조실록

조선
왕조
실톡

웹툰 〈조선왕조실톡〉 Staff

기획/총괄프로듀서 | 윤인완
글/그림 | 무적핑크

YLAB
프로듀서 | 윤인완
제작총괄 | 윤지영 심준경
책임편집 | 성미나
디자인편집 | 정윤하
도움 | 오세정 이수지 박지우

NAVER
책임총괄 | 김준구
담당편집 | 이승훈

온라인 배급 | NAVER WEBTOON
제작 | YLAB

6 조선의 두 번째 영광

초판 1쇄 발행 2017년 4월 18일 **초판 17쇄 발행** 2024년 11월 11일

지은이 무적핑크
펴낸이 최순영

출판1 본부장 한수미
컬처 팀장 박혜미
기획 YLAB
해설 이한
디자인 designgroup all

펴낸곳 ㈜위즈덤하우스 **출판등록** 2000년 5월 23일 제13-1071호
주소 서울특별시 마포구 양화로 19 합정오피스빌딩 17층
전화 02) 2179-5600 **홈페이지** www.wisdomhouse.co.kr

ISBN 979-11-86940-25-9 04910
979-11-954340-6-0 (세트)